Capital Trascendente

Capital Trascendente

El nuevo sistema para trascender
en la vida y en el mundo

Keko Martínez

Prólogos de
Jorge Martín,
Andrés Rodríguez
y Ecequiel Barricart

Plataforma
Editorial

Primera edición en esta colección: abril de 2026

© Keko Martínez, 2026
© del prólogo, Jorge Martín Almoguera, 2026
© del prólogo, Andrés Rodríguez, 2026
© del prólogo, Ecequiel Barricart, 2026
© de la presente edición: Plataforma Editorial, 2025

Plataforma Editorial
c/ Muntaner, 269, entlo. 1ª – 08021 Barcelona
Tel.: (+34) 93 494 79 99
www.plataformaeditorial.com
info@plataformaeditorial.com

Depósito legal: B 4584-2026
ISBN: 979-13-88080-04-3
THEMA: KC

Printed in Spain – Impreso en España

Diseño de cubierta:
YOU MEDIA

Realización de cubierta y fotocomposición:
Grafime S. L.

El papel que se ha utilizado para imprimir este libro proviene
de explotaciones forestales controladas, donde se respetan
los valores ecológicos, sociales y el desarrollo sostenible del bosque.

Impresión:
Sagrafic

Índice

Parte 3
El Capital Trascendente

Dedicado a Carla, Alexia, India, Koa y Elena.
Sois la luz que me orienta en la oscuridad.

A papá y mamá.
Gracias por enseñarme el valor del amor.

Nota al lector

Este libro no empieza con un método. Empieza con una mirada y un diagnóstico. Antes de explicar el Capital Trascendente, era necesario entender por qué hace falta, de dónde nace y qué problema intenta resolver. Por eso las dos primeras partes son esenciales: la historia del contexto, las ideas y los descubrimientos que dieron lugar al sistema.

La **primera parte** describe el mundo en el que vivimos: rápido, exigente, eficiente, pero a menudo sin sentido. Se habla de educación, de trabajo, de dinero, de éxito y de agotamiento. No es un ensayo teórico: aparecen escenas de vida cotidiana, anécdotas, recuerdos de mi vida y decisiones. Mi biografía está entretejida en estas páginas no como confesión, sino como ejemplo: para ver en la realidad lo que se explica en abstracto. Es la experiencia puesta a vuestro servicio.

La **segunda parte** profundiza en la vida interior dentro de ese escenario. Aquí surgen las preguntas que nadie formula cuando «todo va bien»: ¿qué es realmente valioso?, ¿por qué a veces sentimos que falta algo?, ¿cómo se sostiene una vida plena? Aparecen las dos fuerzas que hacen falta para vivir con sentido: el monje y el guerrero, la calma y la acción, la reflexión y la valentía, el tigre y el dragón. No son metáforas literarias, sino tensiones prácticas que cualquiera reconoce. Esta parte también está atravesada por la biografía: decisiones, errores, aprendizajes, conversaciones, momentos de claridad. La vida no está separada de la idea, es su origen.

Solo después de atravesar ese camino aparece la **tercera parte**: el sistema completo del Capital Trascendente. Aquí el lector encuentra un marco claro, una metodología y un lenguaje propio. Se explican los cimientos —consciencia, libertad y trascendencia— y las cuatro fases para aplicarlos en la vida real. No como teoría externa, sino como consecuencia natural de lo anterior: una visión que ha sido vivida antes de ser escrita.

Este libro no pretende ser académico ni ejemplar. No ofrece fórmulas mágicas ni un modelo perfecto. Ofrece algo más útil: un mapa. Una forma de comprender el sistema en el que vivimos y una manera práctica de caminar dentro de él sin perder la libertad interior.

No es necesario compartir todas las conclusiones para encontrar valor en el recorrido. Basta con preguntarse, al ritmo de estas páginas, si lo que hacemos con nuestro capital —personal, económico, social y vital— nos acerca a la vida que queremos vivir.

Si alguna parte de ti siente que «tiene que haber algo más», este libro te señalará hacia dónde mirar.

Prólogo.
Respirar en la curva

Competir al límite te pone al borde en todos los niveles.

Eso es algo que solo entiende quien vive por y para un deporte de riesgo como el mío: el motociclismo de competición.

La línea entre el máximo rendimiento y el riesgo asumido es tan fina que, en cualquier momento, todo puede acabarse. Vivir cada día rozando ese límite te cambia la forma de ver la vida. Te vuelve más presente que nadie, más consciente, más agradecido.

Aprendes que nada está garantizado... ni siquiera la siguiente curva. En este mundo, nadie te regala nada.

Para mí, ser mi mejor versión no significa solo ganar carreras. Significa crecer cada día, incluso cuando nadie te ve. Porque el mejor deportista no es el que siempre triunfa, sino el que se levanta de cada caída, de cada silencio, de cada momento oscuro. El que sigue cuando duele.

Yo he vivido las dos caras: la gloria de ser campeón del mundo, y el golpe de caer, por lesiones, decisiones o circunstancias fuera de mi control. Cuando todo va bien, es fácil sentirse invencible. Pero es en la oscuridad donde realmente descubres quién eres... y quién está de verdad a tu lado.

Ese aprendizaje te hace fuerte. Pero también te exige una claridad que no siempre es fácil encontrar.

Y ahí entra mi relación con Keko Martínez.

Keko no es solo un asesor. Es un guía.

Alguien que comprende lo que hay detrás del éxito... y lo que llega cuando el éxito se apaga.

Él me ayudó a mirar más allá del vértigo del presente, justo cuando más lo necesitaba. Me dio perspectiva. Me dio la tranquilidad para centrarme por completo en mi recuperación, sin distracciones ni dudas.

Me enseñó a pensar a largo plazo en un mundo donde todo se mide por el siguiente entrenamiento, la próxima carrera o el próximo resultado. Tener esa parte en paz me permitió recomponerme por dentro, enfocarme, y volver a competir con la cabeza limpia.

Para mí, el entorno lo es todo: la familia, los amigos, el equipo... y también esas personas que te entienden más allá del casco, del ruido, del foco. Con Keko no solo ordené mis números. También mis valores. Mis sueños. Me enseñó que no se trata solo de ganar hoy, sino de construir mañana. De crear un legado real, con sentido.

Eso es lo que representa para mí el Capital Trascendente: una forma de vivir y de decidir que va más allá del rendimiento. Que busca impacto. Que deja huella.

Ojalá estas páginas te acompañen como él me acompañó

a mí: a ordenar, a entender... y a respirar en medio de la velocidad.

Nos vemos en la pista.

Y también más allá de ella.

JORGE MARTÍN ALMOGUERA

Campeón Mundial de MotoGP

Prólogo.
El deporte de la vida

El último traje no lleva bolsillos. Todo lo que te pase en esta vida, lo bueno y lo malo, lo material y las emociones, quedará convertido en polvo de estrellas. Yo lo olvido cada día al despertar y lo recuerdo cada noche antes de dormir. Tan solo el cariño que dejes a los demás, el amor y la educación con los que seas capaz de regar a los tuyos y a tu entorno perpetuarán tu memoria. Uno solo muere cuando se olvidan de él, así que pongámonos manos a la obra.

Tras este portazo del primer párrafo, sugiero recorrer el camino de una manera honesta, con la cabeza alta y el corazón limpio. La máxima, que es la mía, ha de aplicársela cada uno según su personalidad, su cultura y sus valores.

Conviene recorrer el camino con deportividad. A mí me gusta competir, ponerme retos, exigirme, aprender: es mi infinito favorito —hay otros, pero son subordinados—. Nada de esto se gestiona sin saber perder. No se aprende sin saber perder. No se crece sin haber perdido. No se avanza sin equivocarse. No se ama sin pedir perdón. Nada le pasa al que no se atreve.

Este es un libro que recoge lo aprendido por su autor, un hombre que sudó la camiseta y se reinventó para acompañar a los suyos en este camino vital. Es un libro escrito por alguien que ha hecho de la confianza su mejor herramienta. Escribo este prólogo orgulloso de la invitación y convencido de la veracidad de su propuesta. Mis palabras las dicta la convicción de que los valores que defiendo en los primeros párrafos son los que guían al autor que firma el libro y al hombre en el que confían tantos deportistas para acompañarlos cuando se bajan de la moto, cuando cuelgan la camiseta, cuando deja de sonarles el móvil, cuando se apagan los focos, cuando envejecen de golpe, cuando la prensa ya no llama, cuando una nube de moscones les zumba diciéndoles qué hacer, cuando quieren devolverle a la familia todo el tiempo que le han robado, cuando se sienten responsables de los suyos, cuando lean este libro y se pregunten: ¿debería escribir yo un libro? ¿Qué hacer con todo lo que tengo que contar?

ANDRÉS RODRÍGUEZ
Presidente y Fundador de
SpainMedia y Forbes España

Prólogo.
El otro lado del río

Al otro lado del río hay un lugar diferente, inusual, esperanzador. Miramos al horizonte cada mañana y la gente baila despreocupada allí. Son calaveras, luces, instinto, música sanadora de esa que conecta con tu alma y la expande.

No hay de eso a este lado del río. Aquí ya no hay espacio para la poesía. Solo ceniza y cajas llenas de cajas vacías. Amor generado por máquinas a las que regalamos nuestro corazón, pensando que amar es tener, en vez de dar; que la creatividad no requiere de alma o que la belleza es poner un filtro a la cosa y así todo y así nada.

A este lado, lo humano es residual. Es más considerado dar de comer a un algoritmo que a un hambriento; destruir miles de hogares para defender el palacio de un fantasma; poner por delante de la inteligencia a secas, la inteligencia artificial; rescatar del pasado solo lo necio y pisotear lo aprendido.

Muchas veces le digo a Keko que deberíamos cruzar al otro lado del río y, sin embargo, aquí estamos, empeñados en que esta parte del río se contagie de la del otro lado. Típico sesgo del guerrero que diría él.

En esta tierra de locos solo queda estar más loco que el resto para intentar que sea la propia locura la que derive en cordura. Cuando nadie ama, amar de corazón; cuando el *auto-tune* es la norma, sacar los chelos y los violines a las plazas de los pueblos; cuando todas las ciudades son iguales, con sus mismos Zaras y restaurantes procesados, viajar al interior de nuestro ser; cuando nadie tiene fe, volver a la poesía y a Dios.

Esto es *Capital Trascendente*, una locura, un libro que no tiene sentido aparente en el mundo actual y, por ello, un libro totalmente necesario. Lo lógico hubiera sido escribir un libro en el que se dieran las claves para ser más rico e idiota. Un libro que colaborara con las expectativas del sistema, que validara la espiral de gasto y compras compulsivas; un libro sobre pelotazos, sobre cómo trabajar sin pasión con la única motivación de llenar el armario de bolsos, zapatos y ansiolíticos. Un libro que hablara del éxito económico sin un propósito superior o, como lo denomina Keko, trascendencia.

Capital Trascendente es una nueva manera de legitimar la riqueza, si esta contribuye a conquistar tus sueños, a vivir con tranquilidad, a poder trasladar esa quietud a los tuyos y, en términos de conciencia social, a hacer de este lado del río un lugar mejor para todos. Cosas que serían compatibles con conducir un Ferrari, es un buen coche. De la misma forma, promueve que no perseguir la riqueza es una opción igualmente válida. Más allá de pagar las facturas al sistema, se puede crear un mundo de éxito a tu alrededor, sano, sostenible, amable y compasivo sin dejarte la vida en las salas

VIP de los aeropuertos. No es necesario mucho dinero, es una cuestión de ser consciente de lo que realmente quieres y de lo que esperas de tu vida y de tu muerte. Porque la única vida —en principio— que hay detrás de la muerte es el legado que dejas. Y, para lo del legado, lo mínimo es que tus hijos te hayan conocido y vayan a tu funeral.

El libro, como digo, es una locura; y Keko, un loco. La masa no quiere oír y mucho menos escuchar. Sin embargo, esto no es importante, Keko no pretende convencer a la masa, te habla directamente a ti. Este libro es para ti, para mí, para todos los «guerreros del alma», activistas que reclamamos nuestro derecho a tener el control de nuestras decisiones y de nuestros sueños, para aquellos que quieren comprar su libertad y dejar de ser esclavos de la sinrazón. Para todos los que no cruzan al otro lado del río porque no se conforman con lo que hay y quieren quedarse a luchar aquí y ahora. Para esa parte de la sociedad que se aferra a la idea de que el amor es el camino y de que la riqueza debe ser el medio para amar más y mejor.

Este es uno de los libros más importantes que he leído en los últimos tiempos. Contiene las claves para abordar el cambio necesario de un sistema que no funciona. Una nueva visión de la economía capaz de afrontar de forma disruptiva los retos, a los que nos enfrentamos como sociedad, desde la experiencia contrastada de su autor.

Alguien que, más allá de pretender exponer una teoría, la lleva a cabo cada día a través de sus acciones y obras. Alguien que para escribirlo se ha desnudado y ha dejado expuestos sus tatuajes, para que todos veamos que esto no va de palabras, sino de implicarse en la batalla. De tomar partido e incluso sentir orgullo y gratitud por las heridas que cada uno poseemos.

Alguien distinto a Shoko, el de la clásica parábola zen, que hablaba y hablaba de lo mucho que le gustaban los dragones y se desmayó al ver uno de verdad. Keko no es así. Él es un tigre que se rodea con orgullo de otros tigres para guiarlos e inspirarlos en el camino hacia la trascendencia. No tiene miedo, él sabe que en el fondo todos somos calaveras y que al final solo se salvará aquel que haya priorizado el amor a este o al otro lado del río.

—Keko, ¿cruzamos al otro lado?

—No, hacemos más falta aquí.

Te quiero,
10VE

ECEQUIEL BARRICART
Propietario y director creativo de la agencia
de diseño y comunicación YOU MEDIA
Director creativo de ARIETE Sports & Entertainment
Escritor

Introducción

Vivimos en una época carente de sentido y propósito. Una época en la que lo inmediato se ha impuesto a lo esencial y la cantidad a la calidad. Estamos distraídos, confundidos, robotizados. Avanzamos, de forma rápida e intrascendente, los días, las semanas, los años o la vida. Sin ningún fin. Sin días extraordinarios. Sin vida extraordinaria. Pasando por ella sin hacer ruido. Sin dejar huella.

Poco a poco, casi sin darnos cuenta, hemos sido arrastrados hacia un estilo de vida en modo automático, en el que la prisa, la distracción y el exceso de estímulos ocupan el lugar que antes tenía el silencio, la reflexión y el sentido de pertenencia. Hemos cambiado nuestra comunidad física, finita y de relaciones profundas por una digital, inmensa y vacía.

Scrolleamos por pantallas sin fin, nos atiborramos de maratones de series, compramos cosas que no necesitamos y repetimos a nuestra gente, como si fuera normal, una frase que es casi un grito silencioso de ayuda:

Estoy bien, pero no sé qué me pasa.

Este desconcierto no es casual. Es el síntoma de una sociedad orientada a la impersonalidad y la estandarización. Que no moleste, que no piense demasiado, que no cuestione el *statu quo*. Una sociedad en la que el éxito se mide en números, seguidores, «titulitis» o lo ocupado que estés... pero pocas veces en bienestar, comunidad real o propósito.

La paradoja es alucinante: nunca tuvimos tanto acceso a conocimiento, herramientas, recursos y una libertad (ficticia) para vivir la vida deseada, y aun así nunca tantas personas se sintieron más perdidas, solas y vacías que ahora.

Antes de seguir, conviene reconocer algo esencial: hay personas que ni siquiera han podido plantearse este punto de búsqueda del «sentido». Personas que conviven con la angustia diaria de cubrir sus necesidades básicas, atrapadas en la base de la pirámide de Maslow.[1] Para ellas, el discurso del propósito no aplica, porque la urgencia siempre aplasta al significado. Este libro no ignora esa realidad; simplemente se enfoca en quienes, aun teniendo lo necesario para vivir, sienten que les falta lo imprescindible para sentirse vivos.

El sistema que nos envuelve —político, cultural, educativo, económico e incluso espiritual— se ha vuelto insuficiente.

---

1. La pirámide de Maslow es una teoría psicológica formulada por Abraham Maslow (1943) que sostiene que las necesidades humanas se organizan de forma jerárquica. En la base se sitúan las necesidades fisiológicas (alimentación, descanso), seguidas por la seguridad, la pertenencia y el reconocimiento. Solo cuando estos niveles están razonablemente cubiertos, el ser humano puede aspirar a la autorrealización, entendida como el desarrollo pleno del potencial personal y el sentido vital.

El más, al final, ha sido menos.

Este sistema ya no puede ofrecer el marco que necesitamos para construir una vida auténtica, plena y coherente. Prefiere que estemos ocupados acumulando, compitiendo, proyectando una imagen impecable... pero no conociéndonos. Mucho menos construyendo una vida alineada con nuestra esencia, esa que nos ofrece quietud, plenitud y armonía.

Yo no llegué a esta conclusión en un aula ni en un retiro de fin de semana. La descubrí en carne viva, con sabiduría de barrio y escuchando a mentores y personas sabias que la vida puso en mi camino.

Nací en una familia trabajadora, con recursos escasos. No éramos pobres, pero llegar a fin de mes requería malabares, sacrificio y, muchas veces, renuncias. Somos tres hermanos, y mis padres nos dieron lo más valioso: amor, valores y un código de vida. No fue fácil, pero no me avergüenzo de ello. Al contrario, sé que fue una de las mejores escuelas que pude tener. Allí aprendí lo que significa esforzarse, cuidar lo que se tiene, valorar lo simple y construir un carácter. Allí nacieron muchas de mis fortalezas... y también algunas debilidades que aún me acompañan y a las que trato con cariño y amor.

Durante veinte años fui futbolista profesional. Alcancé mi sueño: vivir y disfrutar de mi pasión.

Y también conocí el vértigo de caer, de no tener nada más (ni nada menos) que a mí mismo y los míos. A los veinticuatro años perdí la pasión y decidí dejarlo.

Volví más tarde, más fuerte, más consciente, más valiente. Y cuando me retiré del fútbol definitivamente, a los treinta y siete, entendí que el verdadero partido de mi propósito vital apenas comenzaba. Ante la proximidad del fin de mi carrera profesional como futbolista, empecé a hacerme preguntas cuyas respuestas se irían forjando en los años de carrera. Sin duda, el momento de fracaso en mi carrera futbolística, con retirada a los veinticuatro y vuelta deportiva posterior, fue un sello marcado a fuego en mi piel: ¿qué hago ahora con mi vida? ¿Qué sentido tiene todo lo que he acumulado? ¿Quién soy yo cuando se apagan los focos, sin el reconocimiento, sin la rutina que me protegía del vacío? ¿Cuál es mi propósito y sentido en esta vida?

La respuesta, o al menos el origen de mi camino, llegó en una palabra: *ayudar*. Ayudar, dar desde el yo para ponerlo al servicio de los demás, es la forma más pura de amor y la manera más profunda de agradecer.

Pasar del yo, mí y me al tú, nosotros y ellos. Juntos.

Ayudar con mis conocimientos, mi trabajo, mi experiencia y algún posible talento a quien pudiera, como pudiera. El «cómo» lo iría descubriendo por el camino. La vida, si la escuchas, siempre se explica.

Fue entonces cuando entendí que el capital necesita algo más que gestión y uso: necesita dotarse de trascendencia. Se había convertido en el arma que el sistema utilizaba para dominarnos a nosotros y a nuestras vidas. Pero íbamos a girarlo a nuestro favor y convertirlo en motor de cambio para aliviar ese vacío que sentíamos.

Íbamos a ganar al sistema con sus armas, pero utilizándolas de otra forma, poniéndolas al servicio de las personas. Con el ser humano en el centro. Como un *hacker* que se inserta en un sistema operativo y lo cambia desde dentro. Hace explotar sus creencias y métodos. Y puede ser un ejemplo para que otras personas que vibran en nuestra misma frecuencia se unan a un modo de vida diferente: trascendente.

He pasado por momentos de éxito y otros de dolor y fracaso profundo. He observado a amigos, compañeros y profesionales admirables perderse o no llegar a su mejor versión **por no saber gestionar su riqueza, su propósito o sus decisiones.** De esta mezcla de vivencias he desarrollado una filosofía, un sistema y una forma de vida cuyo objetivo principal es ser una guía útil, práctica, efectiva y con respuestas.

Este libro nace de esa comprensión, desde la más profunda humildad, desde una búsqueda honesta y práctica por entender cómo podemos vivir de forma más plena, auténtica y libre… utilizando el capital como una herramienta para ello, y no como un fin en sí mismo.

Wei wu wei. Hacer sin hacer y todo será realizado.

No pretende ser académico ni perfecto. No encontrarás bibliografía exhaustiva ni discursos teóricos. Encontrarás, en cambio, **preguntas incómodas, reflexiones profundas, principios simples** y **herramientas prácticas.** Encontrarás mi historia —la real, sin adorno— con la esperanza de que algunas partes resuenen contigo.

Y encontrarás también un método: **el Capital Trascendente**.

Un camino hacia una vida con más significado,
más propósito, más plena y saludable.
Una manera consciente de vivir. Una forma humanista
de usar el capital (o los capitales) para mejorar
nuestras vidas y las de quienes nos rodean.

Un modo de alcanzar un significado propio en nuestras vidas. Una propuesta real, posible y necesaria para romper con la inercia de este sistema y empezar a crear el nuestro.

Como decimos en Gate for Children, organizaciónde la que soy fundador: «**No cambiaremos el mundo, pero sí el mundo de algún niño**». Y solo por eso ya habrá valido la pena.

El mundo es una gran y compleja maquinaria. Si mejoramos tantas piezas como podamos —las cercanas, las lejanas, las conocidas y las que nunca veremos—, también mejorará el resultado final. Te invito a recorrer este camino conmigo. No como lector pasivo, sino como protagonista. Porque este no es un libro sobre mí: **es un libro sobre lo que tú puedes llegar a ser**.

Si estás aquí es porque buscas algo más. Porque intuyes que hay otra forma de vivir, de construir, de invertir, de participar en la sociedad desde un lugar más pleno. Porque sientes que, aunque todo parezca ir bien, hay algo que no termina de encajar.

Este es el punto de partida de *Capital Trascendente*. Y empieza aquí, contigo.

Comencemos.

PARTE 1
El sentido del capital en la era del caos

1. El hijo del ebanista

Suena el timbre de la calle. ¡A currar!

Pero antes de llegar a ese punto, retrocedamos unas horas.

Salgo del instituto a las dos y media, después de llevar desde las siete y media de la mañana en clase. Demasiadas horas. Profesores extraordinarios conviven con otros que se limitan a recitar apuntes mientras te dejas la muñeca intentando seguirles el ritmo. Y una pregunta me persigue cada día: ¿para qué demonios compramos tantos libros de texto si luego solo copiamos lo que nos dictan?

Sales con la cabeza hecha queso gruyer y un hambre que te desmonta.

Adquieres conocimiento, no capacidad
de pensamiento.

Porque la educación, hoy, es uno de los grandes soldados del sistema. No siempre fue así, pero ahora parece estar diseñada no para abrir mentes, sino para cerrarlas. No para crear criterio, sino obediencia. No para fomentar dudas, sino dogmas. ¿No debería volver a ser ese lugar que te hace pensar, poner en duda, abrir tu mente? ¿Ese lugar donde ser respetuoso con el que piensa diferente a ti, donde adquirir herramientas de criterio? Es lo que tocaría cuando se es joven, ¿no?

Pero el sistema prefiere que salgamos convertidos en corderos dóciles, titulados, previsibles, destinados a reproducir lo que otros diseñaron antes. Con una personalidad basada y forjada en unos preceptos que le den sentido a nuestra existencia. Y cumpliremos con lo que se nos pide. Porque ese es el patrón de éxito en la vida que interesa inculcarnos. Eso sí, con muchos títulos.

Lo normal e ideal en esas edades es nadar en un mar de dudas, no de certezas. Porque esas dudas son las que nos permiten pensar, analizar y cuestionar las opciones del mundo. Así se forja la personalidad. Así se construye una posición ante las grandes preguntas de la vida. Así empezamos a elegir cómo queremos pasar por este mundo.

Cuando la educación se usa correctamente, es una de las pocas formas reales de romper el techo de cristal social, profesional y económico. Una de las pocas. No nos dejan muchas opciones. Y las élites dominantes, que siempre van por delante, creen que si pensamos demasiado les vamos a quitar el sitio. Se creen que la riqueza es finita. Pero eso no es así.

La riqueza es como el amor: inagotable. Yo siempre les digo a mis hijas y a mi hijo que el amor es infinito, que no se gasta, que no se raciona: tengo amor para ellas y él… y para cuatrocientas más si hiciera falta. La riqueza tiene la misma cualidad, si queremos.

La mesa puesta, el hambre de barrio

En ese estado llegaba yo a casa: muerto de hambre. Con catorce años, ya me dirás. Abría la puerta y, por el olor, sabía exactamente lo que tocaba comer. Me sentaba a la mesa y devoraba el plato con la voracidad de un vikingo que vuelve de una batalla. Comida sencilla. Cantidades generosas. Si eres joven y de mi barrio, cuando toca comer no se hacen rehenes.

Medio día hecho.

Ahora tocaba descansar un poco, sentarme en el sofá, quizá pegar un cabezazo. Tenía que hacer algún deber del instituto y empezar a estudiar para el examen del viernes —sí, iba retrasado— y, después, por la tarde, entrenamiento de fútbol. Entrenaba todos los días menos los viernes. Y, como llegaría tarde después del entreno —a las once de la noche, con suerte—, lo razonable era descansar un poco.

Más quisieras tú.

Pican por el telefonillo de la calle: RINGGGGGGG.

Mi padre.

—¿Ha terminado de comer Keko?

—Sí, está descansando —contesta mi madre.

—Pues dile que baje, que necesito ayuda.

—Pero...

—Sin peros, Adela. Estoy solo y necesito ayuda.

En ese instante quieres palmar.

Mientras mis amigos se tocaban la pera toda la tarde y quedaban en el parque para hablar —¡quedar para hablar!—, yo tenía por delante una jornada digna de una ascensión al

Himalaya. Con catorce años, en primero de BUP y siendo el mayor. Luego, con el tiempo, también se uniría mi hermano al escuadrón de aprendices de ebanistería.

Ahora escribo esto con otra mirada, la de adulto: era normal que mi padre me pidiera que bajara al taller.

La ebanistería como destino

Hablamos de finales de los ochenta. Mi padre intentaba mejorar nuestra economía poniéndose por su cuenta como ebanista en el barrio. Nada de empresa. Un local pequeño, unas máquinas, él solo y trabajo. Mucho trabajo.

Cocinas. Armarios enormes. Puertas. Cortar madera. Lijar. Barnizar. Montar. Un solo hombre no podía con todo eso. Nos necesitaba. Y nosotros lo necesitábamos a él.

Mi madre, por su parte, llevaba la casa, el taller, los números y hasta algunos diseños. Un tándem perfecto. Mucho esfuerzo. Mucha tensión. Mucho amor.

La infancia trabajadora y el nacimiento del sesgo de la escasez

Recuerdo una escena que hoy entiendo como paradigma de la vida no sencilla que llevábamos. El viernes era mi día favorito: no había clases, casi nunca tenía entrenamiento, y normalmente mi padre no necesitaba que bajara al taller.

El sábado había partido, así que el viernes por la tarde era un pequeño paraíso: silencio, descanso, no hacer nada. Ese «nada» que para un adolescente agotado puede ser el mayor de los lujos. Me sentaba frente a la tele —una tele sin mando a distancia, por supuesto— y me quedaba atrapado durante horas en los dibujos japoneses con más capítulos de la historia: Dragon Ball, Dr. Slump y Arale. Apagaba la mente por completo. Mis primeros maratones. Cerebro en *off*.

Mi madre, que se percataba de todo, detectó mi ritual de los viernes y decidió regalarnos un pequeño lujo semanal. Lo que en nuestra realidad era un lujo de verdad: unas galletas tipo barquillo rellenas de nata. Una bolsa no muy grande. La idea era que nos durara la semana, una al día. Pero yo me las comía todas esa misma tarde. Un chute de azúcar, una celebración íntima de la simplicidad.

Pero ese pequeño privilegio se daba en un contexto muy concreto. Económicamente llegábamos a fin de mes, sí, pero derrapando. Yo era el mayor y tengo la memoria viva de aquellos momentos. Mis hermanos, más pequeños, por suerte recuerdan menos. Pero yo escuchaba a mis padres, agotados, revisando números que no encajaban. Mi padre decía que si no podíamos permitirnos esos «lujos», era mejor no comprarlos. Mi madre respondía que para qué servía todo el sacrificio si ni siquiera podíamos permitirnos una bolsa de galletas a la semana para nuestros hijos.

Los dos tenían razón. Y, como sucede a menudo, se complementaban. Aun con tensión, siempre hacia adelante. No había otra opción.

Cuando no existe plan B, te centras
al cien por cien en el plan A.

Ahí nació uno de mis sesgos personales más profundos: el de la escasez. Y también uno de mis valores esenciales. Esa manera de vivir con lo justo, trabajando siempre al límite, moldeó mi forma de ver el mundo. Y, aunque tenga sus sombras, fue una escuela vital que me marcó para siempre.

Estudios, ebanistería y fútbol: una mesa con tres patas imposibles

Así era mi mundo: tres responsabilidades simultáneas —los estudios, la ebanistería y el fútbol— que, tarde o temprano, era imposible sostener al mismo nivel. Y la primera en caer fueron los estudios. Cada vez tenía peores notas, menos tiempo para estudiar, más cansancio acumulado. Llegaron los suspensos. Llegaron las repeticiones. Y sí: el escritor de este libro suspendía en clase.

Más adelante verás que acabé graduándome: terminé la secundaria, estudié una diplomatura universitaria, cursé másteres… Pero, en ese momento, el ritmo que pedía la vida y el que pedía el sistema no coincidían en absoluto.

Los momentos del sistema no siempre coinciden
con los momentos idóneos de tu vida.

Aun así, aprendía por mi cuenta. En el taller, en el vestuario, en la calle. A veces, la vida ofrece una educación paralela. Y si tienes los ojos abiertos, aprendes igual o más que sentándote en un pupitre. Lo más importante era la supervivencia de la familia, algo que con trabajo, simplicidad y economía de guerra se conseguía. Las necesidades unen más, crean amor, familia de verdad y yo recuerdo mi infancia con mucho amor. La repetiría tal cual.

A los diecisiete años ya tenía un sueldo modesto del fútbol —nivel ingreso de administrativo, nada extraordinario— que, como es de esperar, entregaba íntegro en casa. Los entrenamientos eran por la mañana. Por las tardes seguía ayudando en la ebanistería, según mis obligaciones deportivas. Solo me libraba en julio y agosto, cuando empezaba la preparación individual para la pretemporada.

Era duro, sí. Pero también tenía un componente de orgullo, de pertenencia. Recuerdo todavía las carcajadas y la vergüenza cuando mi hermano y yo teníamos que trasladar o montar cocinas, puertas o armarios por las calles del barrio. Llevábamos piezas enormes a peso, subiendo escaleras de edificios viejos sin ascensor, y rogando que ningún amigo nos viera. Nos escondíamos detrás de los muebles como si fuésemos guerrilleros en territorio enemigo. Porque hasta en el barrio hay clases.

Peor era cuando usábamos una furgoneta medio desguazada que sacaba todo el dióxido de carbono hacia dentro y que nos dejaba más aturdidos que dos canutos mal liados. Mi padre, que era un cachondo, pasaba delante del instituto, aunque no le viniera de paso. Pasaba lento, pitaba sin pudor y se partía de risa mientras nuestros compañeros nos veían. Mi hermano y yo nos tirábamos al suelo de la furgoneta como ninjas esquivando *shurikens*, esas estrellas ninja de acero, rogando no ser vistos.

Qué tiempos. Momentos de familia real. De vida real.

¿Pero qué narices es un entrecot?

Y ese entorno humilde explica perfectamente una anécdota que jamás olvidaré. En mi casa, durante mi infancia, la carne era «bistec». Punto. Una lámina finísima, con poco sabor y textura peligrosa que requería una trituradora para no asfixiarte intentando tragarla. Cuando había bistec, primero era para mi padre; si sobraba, para el resto. Ese era el orden natural.

Tenía veinte años. Fase de ascenso de segunda B a segunda A. Un equipo mítico: veteranos de los de antes, con galones, oficio y respeto; y propietarios que soñaban con devolver al club su época dorada. Yo era un joven con potencial, de esos que pintaban bien. Aprovechaba mis minutos y aprendía de los mayores y de la vida independiente fuera de casa.

Un día de junio, después de un buen partido, decidimos salir a cenar y a «hacer equipo». Fuimos a Rosas, un pueblo de playa cerca de Figueres que en esa época tenía vida, ambiente, luz. Nos sentamos en una gran mesa redonda. Yo me había puesto lo mejor que tenía, intentando parecer moderno como los compañeros que venían de equipos grandes.

Llega la carta. La hojeo. No entiendo nada. Veo una palabra extraña.

Miro al lado. El portero gallego que jugó en el Celta de Vigo, algo así como mi mentor, me llevaba de la mano en ese equipo. Con mundo. Con experiencia. Con humor:

—Tío, ¿qué es esto?

—¿El qué? —responde con su acento, ya sonriendo.

—Esto: «entrecot». ¿Qué comida es?

Se ríe. Se ríen dos más. Pero se ríen con cariño, sin humillarme.

—Es carne, Keko. De vaca. Buenísima. Pídetela.

La pedí. Miré el precio. Dolía. Pero ya estaba hecho.

Cuando me llegó aquel trozo de carne y lo probé... casi lloro. No exagero. Era sabor. Era textura. Era abundancia. Era un mundo que yo no sabía que existía. Era la primera vez que probaba un corte diferente del bistec. Y me dio hasta vergüenza disfrutarlo allí sin que mi familia pudiera saborearlo conmigo. Esa sensación la corregí años después, invitándoles a comidas infinitas. Fue una de mis mejores inversiones: comprar recuerdos. Momentos compartidos.

Puede que pienses que exagero. Pero es que hasta ese momento yo no sabía ni que la ternera tenía partes distintas. Para mí, la carne era bistec. Fin.

A mis hijas les he contado esta anécdota más de setecientas veces. Y lo seguiré haciendo. Porque no quiero que olviden de dónde venimos. Porque ahí está la semilla de la gratitud. Ahí está el inicio del espíritu del modelo de vida trascendente: valorar, agradecer, disfrutar sin dar nada por sentado.

Nada impide que disfrutemos con consciencia lo conseguido,
pero convirtámoslo en algo extraordinario, siempre.

Cuando se apagan los focos

Y ahí estaba yo. Un chaval con hambre de vida, de propósito, con una rutina simple y exigente: entrenar, alimentarme bien, descansar y volver a entrenar. Esa disciplina del deporte profesional te mantiene alineado. Te da claridad. Te marca un norte. Solo piensas en mejorar cada entrenamiento. En ganarte un puesto. En convencer al entrenador. Y, cuando eres suplente, en no hundirte, en mantener la actitud y la mentalidad para estar preparado cuando llegue tu oportunidad.

Muchos atletas profesionales, en especial futbolistas, me explican lo brutal que es el cambio cuando pasan de jugadores a entrenadores. El salto de tener un rol claro a tener que dirigir a veinticinco personas, *staff* incluido. Requiere otro tipo de cabeza. Mucha más responsabilidad. Mucho más liderazgo.

En el mundo profesional, no deportivo, pueden pasar situaciones parecidas. Necesidades similares. Pero con una intensidad muchísimo más baja. Con horizontes de más largo plazo. Todo más lento, menos intenso.

El deporte de élite —todos los deportes— es un lugar donde estás siempre a medio centímetro del éxito o del fracaso. Cada entrenamiento, cada partido, cada gesto técnico es un examen. Es una carga mental muy fuerte. Una auto-exigencia brutal. Una espada colgando. Droga dura mental para la que hay que estar preparado con cualidades de gestión emocional y personal altas. Y, a veces, estas cualidades tienen más importancia en los resultados que las puramente atléticas o técnicas.

Por eso el mundo empresarial observa tanto al deporte. Porque ahí están los valores que más importan: resistencia, resiliencia, trabajo diario, planificación, mejora continua, equipo, creencia en lo imposible, aceptación del fracaso, cuidado personal, alimentación, mentalidad. Todos son valores que como profesionales o como cultura de empresa deberíamos integrar.

No son tópicos. Son la vida misma.

Y un día, siempre llega, se apagan los focos: o te los apagan o decides tú apagarlos. Y ese vacío es aterrador. Solo quien lo ha vivido lo entiende.

Yo siempre le digo a mi equipo que trabajar con este tipo de personas —atletas o profesionales que han alcanzado el éxito en aquello que soñaban de niños— no es nada fácil. Son perfiles complejos, intensos, llenos de matices. Por eso les llamo tigres.

Y no es fácil porque quienes hemos llegado a vivir de nuestro sueño cargamos un sesgo muy particular: el sesgo del héroe. Hemos intentado lo imposible —ser profesionales en aquello que amábamos— y lo hemos conseguido. Y eso marca. Marca una personalidad concreta, una forma de ver las cosas, una autoexigencia feroz que se traslada a todo el entorno. Vivimos con el chip del desafío permanente. Aunque fuera ya no haya guerra, internamente siempre seguimos en batalla.

Por lo tanto, ese sesgo, que nos ha permitido lograr lo improbable, también se convierte en un peligro. Nos hace creer que todo lo que nos propongamos lo vamos a conseguir. Aunque no sepamos del tema. Aunque no sea nuestro momento. Aunque no hayamos dedicado las veinte mil horas de aprendizaje y entrenamiento que de verdad requiere cualquier maestría. Por eso no es fácil tratar con los tigres: no porque sean difíciles, sino porque son **diferentes**. Funcionan con otra intensidad, con otra expectativa, con otra narrativa interna.

Y un día, inevitablemente, **se apagan los focos**. Ese momento siempre llega. Yo lo viví dos veces. La primera, con veinticuatro años, cuando el fútbol me dejó a mí… y yo dejé al fútbol. Fue un divorcio doloroso, aunque nos reencontramos seis meses después. La segunda llegó ya de veterano, cuando decidí poner fin a esa historia de amor porque, por primera vez, me inspiraba más otro propósito: ayudar a los míos, a mis compañeros, a transformar el éxito profesional en un éxito vital. Había demasiado por hacer, demasiado que construir. Así que, con treinta y siete años, colgué mis queridas botas.

Por eso puedo hablar con conocimiento de causa sobre dos retiradas deportivas profesionales muy distintas. Las dos duras. Las dos exigentes. Porque llevas toda la vida entrenando mente y cuerpo para una sola cosa, y nunca es el momento adecuado para dejarlo. Sin duda, la retirada prematura de los veinticuatro fue la más difícil y, por suerte, temporal.

Cuando hablo de esto no me refiero a las grandes estrellas. No hablo de los ídolos que aparecen cada noche en televisión. Hablo de los profesionales normales; de los que vivimos del fútbol con dignidad, esfuerzo y disciplina. Cuando dejas de ser futbolista profesional, abandonas de golpe una rutina que has construido durante años: levantarte, desayunar, preparar el preentreno y dirigirte al vestuario, ese lugar donde se juntan veinticinco mastuerzos como tú, todos soñando lo mismo. Música alta, bromas constantes, actitud, tensión sana y ese equilibrio mental que te da el deporte. Y, sobre todo, la felicidad de tener un propósito claro, simple y cotidiano.

Durante la semana todo está perfectamente estructurado: entrenamientos, viajes, entrevistas, sesiones de vídeo, refuerzos positivos o correctivos. Nada de eso lo organizas tú. Te lo dan hecho. Y esa estructura, paradójicamente, te libera. No tienes que decidir nada esencial; solo debes centrarte en lo importante: tu rendimiento, tu mejora, tu aportación al equipo. En ti mismo.

Pero con la retirada todo esto se derrumba. Pasas de una rutina clara, firme y dependiente de un calendario externo a levantarte en casa… y no saber qué hacer. De un día para otro.

Cuando se apagan los focos, es difícil tener claro qué hacer el día después.

Ese es el golpe real. Ese es el vacío. Ese es el silencioso terremoto que nadie te enseña a gestionar.

No importa cuánto lo hayas anticipado, cuánto te hayas preparado mentalmente ni cuántas veces te dijeran que ese momento llegaría: cuando llega, te descoloca por completo. Porque, aunque lo esperes, necesitas tener las ideas muy claras… y una mente y un alma fuertes, flexibles y capaces de sostener el golpe.

Lo que empieza entonces no es una continuación, es **otra vida**, con reglas completamente distintas. Y nadie, absolutamente nadie, te entrena para ese salto.

En mi caso, dentro de lo duro, fui un privilegiado. Sabía con nitidez qué quería hacer: **ayudar**. Ayudar empezando por mis compañeros. Mi misión era —y sigue siendo— acompañarlos a transformar el éxito profesional de sus trayectorias deportivas en un éxito vital que dé sentido a una vida plena. Que la retirada no fuera un precipicio, sino un puente.

El «cómo» y el «cuándo» lo descubrí y empecé a diseñarlo vía formación autodidacta y reglada a la vez, combinadas. Así puse orden a todas las intuiciones que llevaba dentro, a todo lo vivido, a todo lo aprendido en carne propia.

¡Pero si yo solo quiero jugar al fútbol!

Y entonces, sí, **se apagan los focos**. Ya no tienes que ir a entrenar. El móvil deja de sonar. Ese silencio hace ruido. Porque, de golpe, te das cuenta de que no te escribe nadie más allá de los tuyos, los verdaderos. Los que están porque te quieren y porque les importas como persona, no como jugador. Los que quedan si has sido honesto —y generoso— y has cuidado esas relaciones a lo largo de los años.

Los otros, los del interés, los que aparecían cuando estabas arriba, esos desaparecen todos. Sin excepción. No lo dudes.

Junto con ellos desaparece algo más profundo: tus referencias. No sabes bien qué te gusta hacer. No tienes experiencia en nada que no sea fútbol. Ni una formación sólida que te sostenga en ese nuevo territorio desconocido. Y te descubres repitiendo, a veces con rabia, a veces con tristeza: ¡pero si yo solo quiero jugar al fútbol!

Es un momento crítico. Una etapa delicada que, si se gestiona bien, puede reconducirse en un mes. Pero, si se gestiona mal, puede mantenerse durante años, anclándote en el vacío, la frustración y la falta de propósito.

Por eso, en el camino del Capital Trascendente, veremos que la cuarta trascendencia es la **trascendencia vital**, la del propósito. Esa parte es la encargada de encender de nuevo la llama de la ilusión, de la esperanza, de la motivación profunda. Es la que te ayuda a diseñar un modelo de vida pleno que te satisfaga y dé sentido a ese día después.

Yo lo he vivido en carne propia. He encontrado mi camino después de caer, perderme y reconstruirme. Y desde 2009 he acompañado a muchos atletas a encontrar el suyo. No es fácil. Nunca lo es. Pero es posible. Muy posible. Y puede ser

igual de ilusionante y poderoso que la etapa profesional…
si se recorre bien el camino de la trascendencia.

Entregar tu vida al sueño de ser atleta de élite

Muchas veces me preguntan si me gustaría que mis hijas e
hijo fueran atletas de élite, o incluso futbolistas profesionales. Nunca sé qué responder. Lo primero que me viene
a la cabeza es que sean lo que quieran ser. Que exploren,
que prueben, pero que cultiven el deporte y sus valores. Lo
de intentar ser profesional del deporte es otra cosa. Es una
apuesta muy dura y arriesgada. Para nada imposible, pero sí
una apuesta que exige una dedicación personal superlativa.
Un camino en el que muchas fases de tu formación natural
como persona te las saltas sin darte cuenta. De golpe. Sin
transición. Sin tiempo para madurar ciertos procesos vitales
esenciales, con el riesgo que eso puede conllevar tanto a nivel físico como mental.

Deporte, siempre. ¿Profesional? Es una apuesta arriesga-
dísima. Y lo digo con la conciencia de quien lo ha vivido por
dentro. Para entenderlo mejor, vayamos a un ejemplo muy
claro: **el fútbol profesional masculino**, que es, además, el
más desarrollado a nivel estructural y económico.

La estadística real: el embudo imposible

En la Liga de Fútbol Profesional (LFP) española masculina hay veinte equipos en primera división y veintidós en segunda división. Si contamos unas plantillas medias de veinticinco jugadores por equipo, tenemos:

- **500 jugadores en primera.**
- **550 jugadores en segunda.**

Es decir, **apenas mil cincuenta futbolistas profesionales entre las dos máximas categorías de la LFP.** Un número ridículo en comparación con los cientos de miles de jóvenes que entrenan cada día con la ilusión —o la presión— de llegar a la élite. Esa es la crudeza real: muy pocos llegan. Muy muy pocos. No porque no tengan talento, sino porque la probabilidad es mínima, la competencia es salvaje y el margen de error, inexistente. Y, aun así, los que lo intentan entregan su vida entera al sueño: sueñan con estadios llenos, sueñan con debutar, sueñan con vivir de aquello que aman.

Basta con ver las fichas de fútbol base que existen, no ya en España, sino en todo el mundo. En España, se estiman 1,2 millones de niños y niñas federados. Según una empresa de ocupación laboral, aproximadamente el 35 % de los niños en España quiere ser futbolista profesional. Un tercio. Sin embargo, solo 500 pueden estar cada año en primera división. ¿Qué porcentaje real tienes para llegar hasta ahí? La cifra es brutal: **solo 1 de cada 1800 niños federados**

debuta en primera división.[2] Menos del 0,05 %. Si añadimos segunda división, apenas un 0,15 % llega.

Hablamos de entregar tu infancia y tu adolescencia enteras a un objetivo con una probabilidad estadísticamente nula de conseguirlo. Aquí hay tema. ¿Vale la pena el esfuerzo? Es para pensárselo. Mucho.

Y si ampliamos la mirada y pensamos globalmente —todos los niños y niñas del mundo, todas las ligas de primero y segundo nivel, todos compitiendo por los mismos puestos—, las probabilidades se vuelven todavía más pequeñas, incluso contando con más ligas. Es un *all in* en póker en toda regla: o sale o no sale. Binario. Probabilidades reales: tan bajas como que yo debute en el Liceu barcelonés cantando *Nessun Dorma*.

Todas estas dificultades ya son duras cuando hablamos de deportes de equipo —baloncesto, rugby, fútbol americano, béisbol—, pero cuando pasamos a los deportes individuales las cifras se vuelven una auténtica aguja en un pajar del tamaño de Cuenca: motociclismo, automovilismo, golf, tenis, atletismo... Aquí las probabilidades son increíblemente mínimas.

Porque para llegar a lo más alto en deportes individuales tienes que nacer con talento, sí, pero también con un entorno que te apoye en esta locura, con unas capacidades económicas que no todo el mundo tiene, con familias que hagan

---

2. Aragó, L. (2020, junio 28). *No, su hijo no va a ser futbolista profesional.* La Vanguardia.

sacrificios descomunales sin retorno asegurado. Tienes que ponerlo todo cada día, en cada momento, con la presión que eso acarrea. Aguantarla. Sobreponerte a los fracasos. No lesionarte. No desanimarte. Hacer que la suerte te pille trabajando. No creerte los pequeños éxitos del camino. Levantarte rápido después de cada caída.

Y, aun así, supongamos que un atleta de élite llega a ser piloto de MotoGP. Pasa por infinidad de categorías, lucha año tras año… ¡y lo consigue! Le dan una de las veintidós o veinticinco motos disponibles en todo el mundo para llegar ahí. Y va el tío y te gana una carrera. O, peor/mejor todavía, sale campeón del mundo. Acojonante. Ese ser humano llevará encima un **sesgo del camino del héroe** de tamaño bíblico.

En esos niveles, la estadística y la campana de Gauss directamente se cuelgan y se recluyen en una cueva. Porque hay algo que supera a los números y a las probabilidades: creer. Y eso lo tiene el ser humano. Creo que, si existieran extraterrestres, sería precisamente eso lo que nos diferenciaría de ellos: la capacidad de creer que lo más inverosímil es posible.

Existe un pequeño segmento de personas compuesto por quienes creen y se dejan la vida en el intento. Que salga o no salga no debería importar tanto, porque recorrer ese camino te hace crecer como persona si lo gestionas bien. Si sale bien y llegas, bingo e historia. Si no sale, entonces toca aplicar las grandes enseñanzas del deporte a la nueva vida que te tocará vivir.

Personalmente, me ocupan y me preocupan más las historias de fracaso, de carreras a medias o de quienes simplemente han disfrutado de su profesión sin alcanzar el Olimpo deportivo o artístico. Ahí hay esencia. Ahí hay verdad.

Y, aun así, creemos que es posible. Aun así, yo creí.

Yo pude vivir y disfrutar de mi profesión, aunque con grados de éxito y fracaso que no os recomiendo sufrir. Luego os contaré. ¿Lo cambiaría? Está claro que no. Formo parte de ese mínimo porcentaje que llegó. Disfruté. Sufrí. Así que, como ya te he dicho, si tuviera que aconsejar a mis hijos sobre lanzarse a la aventura de ser atletas profesionales... tendría que pensarlo muy bien antes de responder.

Un amigo mío lo resumió de forma mucho más visual:

—Bro, ya lo tengo decidido. Voy a ser el próximo Carl Cox. Voy a pinchar en los mejores clubes.

—Guau. ¿Y cómo lo vas a hacer?

—Estoy hablando con gente y conociendo la industria. Moviendo mis redes sociales. A ver qué bolos de nivel me pueden dar.

—¡Pero si no sabes ni mezclar bien aún! ¿Quieres ser un gran DJ o disfrutar la vida de famoso?

—Pues, famoso, joder. Vaya pregunta.

O sea, el fruto del éxito sin las exigencias del esfuerzo. Muy propio de la época en la que vivimos.

Si tienes un sueño, ya tienes tu guerra.

Esa guerra que disputarás batalla a batalla, la que sabes que lo cambiará todo, la que te cambiará por el camino. Pero para recorrer ese camino tendrás que darlo todo, a todas horas, y nadie te asegurará el resultado. Dependerá de ti y de lo que la vida entienda que debe pasar. Esa es la elección: puede ser convertirte en profesional del tenis, emprender un proyecto empresarial o sacar adelante a tu familia. Lo que elijas. Pero si eliges uno, **que no exista plan B**.

Alinea tu frecuencia con la vida. Dalo todo.
Y pasará lo que tenga que pasar.

Vivir no puede ser solo estar en la vida

¿Qué es tener una pasión, un propósito, una meta? ¿Un sueño de realización? ¿Es algo permanente? ¿Es intermitente? ¿Cambiante? ¿Realista? ¿Un desafío? Y más todavía: ¿nos lo creemos de verdad? ¿Cuándo? ¿Tenemos constancia, tenacidad, pasión y, sobre todo, la obsesión necesaria para transitar el camino? ¿Somos capaces de dejarlo todo, fundirnos con el sueño, abandonar otras opciones, renunciar a cualquier plan B y sostener un único plan?

Esto es importante.

Como hizo Hernán Cortés en 1519 cuando llegó a las costas de México y quemó —o desmanteló— todas sus naves para que sus hombres no tuvieran la opción de volver atrás. Aseguró así un compromiso total con la misión. Sin distracciones. Sin alternativas. Si tenemos una meta, un proyecto, una misión, hay que olvidarse de planes B. Quemar las naves y fundirse con el objetivo.

Tener un plan B es prepararse para el fracaso y la excusa. Pues no. Plan A o muerte. Esa es la actitud.

Como decía otro querido amigo mío: levantarte cada mañana y cortar tronco. Sin pensar, sin excusas, sin peros, sin dejar que la mente te manipule hacia un lugar más cómodo. Levantarte y cortar tronco. Todo lo demás es postureo mental autoinfligido para vivir siempre en la posibilidad de... vivir en el autoengaño. ¡Cortar tronco y punto!

Vivir no puede ser solo estar en la vida. Tiene que haber algo más. Si esto no te vibra, tenemos un problema. Hay que dotarla de épica, de desafío, de un grito interior que nos recuerde que queremos ser más que un cuerpo que pasaba por aquí. Que, cuando dejemos de existir —en este plano o para siempre, según lo que crea cada cual—, quede un aroma, una impronta, una huella, un recuerdo de quién fuimos, qué hicimos, qué defendimos, por qué luchamos y cómo amamos. Un legado.

Y no hablo de misiones vitales al nivel de Martin Luther King, Gandhi o la madre Teresa. A ver, si puedes serlo, selo. Pero con impactar en tu círculo más cercano ya estarás muy por encima del impacto de la media, de la masa, de la mediocridad. Ya habrás dejado huella.

Esto va por anillos. Primero tú: sé tu mejor versión. Luego, tus más cercanos y queridos. Después, los cercanos no tan queridos. Si llegas a influir de forma compasiva en quienes te caen mal, eso ya es doctorado en budismo. Y lo más difícil: impactar a los lejanos, los que no conoces. Llegar a alguien, aunque sea humildemente con atención, tiempo o amor, ya es trascender.

Mi maestro del tao me diría que viva una vida simple, en segundo plano, en la naturaleza, sin imponerme demasiado, dejando fluir la energía, manejando la vida desde el *yin* y el *yang*, el *Qi* (energía vital) y el *wei wu wei* (hacer sin hacer). Vale, cierto. Pero también hay que meterle *punk* al asunto, ¿no? **Monje guerrero.** Ese es mi camino medio.

Suena bien, ¿verdad? Yo lo creo a todas todas. Está grabado a fuego en mi filosofía y método de vida. Se lo cuento a mis hijas e hijo, a mi familia, a mis tigres, a mi equipo, a mis seres queridos... Y ahora me atrevo con vosotros —lejanos y cercanos que, solo por dedicar un tiempo a leer mis pensamientos, ya os quiero—.

No quiero pasar por la vida simplemente por estar. Quiero ser trascendente, aunque sea de forma sencilla y humilde. Todo esto que suena tan atractivo lo aprendí a golpes. De los gordos. Valieron la pena, como todo lo que me pasó, pero, al fin y al cabo, hostias.

Decía Goethe que los buenos tiempos forjan el talento y que los malos forjan el carácter. Y, como dice Buda, la vida es sufrimiento. Gracias a eso crecemos y nos fortalecemos.

De estrellita a estrellado

Os he contado que aprendí a base de golpes. Os cuento un poco el porqué. Retrocedamos en el tiempo...

El chico que iba para estrella

Desde pequeño tuve una habilidad natural para el deporte. Me salía solo. Mi padre y mi tío, Pepín Martínez —campeón de Europa de kárate en 1977, escuela Shotokan— fue uno de los primeros en verlo. Hice tantas clases con él que un día, llorando, le dije a mi padre y a mi tío que yo lo que quería era jugar al fútbol. Y lo entendieron.

El kárate, aun así, fue decisivo. Me enseñó la rutina, la exigencia y una filosofía de respeto que en mi barrio no era precisamente fácil de encontrar. Veranos enteros entrenando en su *tatami*, sudando hasta la extenuación. Hoy, desde su *dojo* en Santa Coloma de Gramenet, ha alcanzado el noveno dan. Gracias a él también me acompaña desde entonces una frase que nunca he olvidado: **Hatsuun Jindo**. Apartando las nubes, buscando el camino.

Mientras tanto, mi vida seguía su propio camino: ayudar en la ebanistería familiar, estudiar lo que podía, sin apenas tiempo para salir con amigos. Me quedaba lo justo para leer. Mi madre nos apuntó al Círculo de Lectores, y aquellas compras mensuales me dieron algo que no sabía que necesitaba: un mentor silencioso y permanente, los libros. Los domingos nos refugiábamos un rato en algún bosque de Granollers, una pequeña ciudad cerca de Barcelona. Nada sofisticado, pero yo era feliz.

En el fútbol, todo avanzaba. Del equipo del colegio al del barrio, luego a los buenos de la región y, más tarde, al CE Hospitalet, club filial del RCD Espanyol de la época. No era el que más destacaba, pero progresaba bien. Aun así, había algo que faltaba. No lo supe entonces; lo descubriría más adelante.

Con tanto ritmo —ebanistería, estudios, fútbol— la mesa no podía sostenerse eternamente. Y, claro, ya que iba para estrella del fútbol, ¿para qué estudiar? Así me fui dejando, repitiendo cursos, hasta salir del bachillerato sin aprobar el tercero.

Mi vida continuó. A los diecisiete años me hicieron contrato retribuido. El fútbol, de alguna manera, parecía confirmar mi intuición: yo iba para estrella. Vivía para ello.

El primer golpe

A los veinticuatro años me retiré por primera vez del fútbol. O, más exactamente, el fútbol y yo nos dejamos mutuamente. Como una pareja que ya no vibra ni se desea y que decide, con más honestidad que dramatismo, que no quiere engañarse. Me quedé vacío.

Fueron de esos golpes que duelen mucho, que no dejan esperanza, que te obligan a preguntarte de qué vas a vivir y cómo vas a ayudar a tu familia. Yo iba para estrella y me quedé en estrellado.

Tras no poder avanzar en el Espanyol y el Hospitalet, inicié un peregrinaje por varios equipos de Cataluña. Nada funcionaba. Ganaba un sueldo digno —de trabajador medio, sin lujos— con el que podía ayudar en casa. En esa época la familia funcionaba como un bloque: se daba casi todo lo que entraba. Cada cual aportaba lo que podía. Sin más. Contento. Todos a una, Fuenteovejuna.

Ese era el contexto. Venía del barrio y acababa de descubrir lo que era un entrecot. Y, de repente, a los veinticuatro, se acabó. Ojo: sin estudios, sin experiencia laboral y sin dinero.

Mi patrimonio era de menos de 60 000 pesetas. Sí, negativo. Me habían prestado ese dinero para un curso de inglés. Algo tenía que hacer con mi futuro.

No es que hubiera derrochado nada. Simplemente no había llegado para ahorrar. Y aquella deuda era un préstamo hecho con cariño por mi novia de entonces —y futura madre de mis dos primeras hijas— para que estudiara inglés. Gracias.

Recuerdo una conversación:

—¿Y ahora cómo me gano la vida?

—Vente a la ebanistería.

—Iré, papá, pero no puede ser mi futuro. No tengo mano para esto.

—Pues estudia inglés, que eso suma.

—Eso haré. En unas semanas hablaré como uno de Norfolk.

Y me apunté al curso, con dinero prestado y profesores que sabían de inglés más o menos lo que yo de física cuántica. Qué tiempos.

El vacío y la foto del *no future*

Así estaba yo: en la foto del *no future*, sin saber por dónde tirar ni qué hacer. Sin red de seguridad. Expulsado del mundo que llevaba toda la vida persiguiendo. Con la sensación de haber fracasado en algo que soñaba cada día. Lo peor: sentir que me había fallado a mí mismo.

Mi vida se había construido en torno a un sueño: triunfar en el fútbol profesional. Y se truncó. De golpe. Tenía un objetivo. ¿Por qué se torció? Lo sabría meses después, con sufrimiento. Necesario. Evolutivo. Algo faltó. Y ahora sí puedo decirlo: me faltó cortar tronco.

Por eso este apartado se titula así: De estrellita a estrellado. No hay definición más exacta de ese primer tercio de mi vida (si tomamos que viviré setenta y cinco años). Iba para estrella… y me estrellé. Fuerte. Un leñazo. Sin amortiguación.

Volver con otra mirada

Pero aparté las nubes y encontré el camino. Aprendí que ser la mejor versión de uno mismo depende tanto de esfuerzo como de contexto. Y que, si solo te quedas con el discurso «superguay» y *new age*, te pierdes la mitad del mapa. Hay una parte que controlamos… y otra que no. Punto. Esa fue la gran conclusión de mi bajada a los infiernos. No llegó sola, pero fue la más clara.

No fui lo suficientemente valiente para dejarme la piel. Siempre tuve ese sueño —triunfar, ser profesional, vivir grandes momentos—, pero estaba sin estar. Me faltó subir al *ring*. Me quedé entrenando cómodo en el gimnasio. Me faltó jugármela de verdad, darlo todo, recibir golpes y devolverlos.

Me olvidé de algo esencial: al chaval de la ebanistería, y a su familia, le iba la vida en aquella apuesta. Cuando has pasado hambre simbólica y de golpe llenas la barriga, se te olvida lo que costó.

Identificado el problema, tenía claro lo siguiente: no podía quedarme con ese sentimiento de fracasado toda mi vida. Fracasado no por no haber llegado, sino por no haberlo intentado de verdad.

La decisión que lo cambió todo

Tras meses sin entrenar ni un solo día, viviendo sin disciplina deportiva, ayudando de nuevo en la ebanistería y pasando horas en cafés leyendo a Hesse, Kundera, Sun Tzu, Salinger o Lao Tse, ocurrió algo: me reencontré. Volví a ver al chaval de barrio. Y, con él, descubrí algo que hoy considero una de mis mayores fuerzas: **la valentía de no tener miedo a perder.**

Tenía poco que perder, sí, pero el aprendizaje fue mayor que eso: soltarse del ego, dejar de preocuparse por lo que dirán, tomar decisiones simples, pilotar tu propia vida, vivir sin miedo. Darlo todo por un objetivo. Y después dejar que la vida haga lo que tenga que hacer. Sin plan B.

Es, en cierto modo, una visión determinista: algo marca la música y el tempo de nuestras vidas. Pero solo si vibras en la misma frecuencia. Si no, eres un zombi más de la sociedad.

En ese estado de claridad decidí volver al fútbol. Intentarlo de verdad. Sin guardarme nada. Cumplir mi parte con mi propia historia.

Meterse otra vez en el ruedo

Contacté con un representante modesto y le pedí una oportunidad. Solo le exigí una condición: quería irme lejos de Barcelona. Necesitaba renacer en otro escenario, con otro aire, otro ritmo, otra versión de mí.

Contextualicemos: mi último partido había sido en mayo de 1999. Y desde entonces ni un solo entrenamiento. Mi forma física era lamentable. Tenía incluso «cara de mazapán», y recuerdo una escena en moto que lo resume todo: pasamos un badén, la moto botó y mis pectorales rebotaron también. Pensé: «Qué buenos pectorales tengo». Mi voz interna respondió: «No son pectorales, amigo. Son flanes». Esa era mi realidad física.

Pero me puse a entrenar. Mucho. Cuerpo y mente. Cada día. Varias veces. Mi padre lo entendió y me dio diciembre y enero libres para prepararme. Él también necesitaba que yo me diera una última oportunidad. Lo había dado todo acompañándome durante años, y sabía que, si no lo intentaba, ese fracaso me perseguiría siempre.

Me fui encontrando. No había olvidado lo que sabía hacer. Sin plan B mejoré la versión anterior. Pero aún necesitaba algo esencial: un equipo.

Cuando no llega la oportunidad

El representante tenía dificultades para encontrarme un sitio. Era más complicado de lo que pensábamos. Creía que mis tres goles en el último partido de la liga anterior y mi nombre en la categoría ayudarían... pero no. Enero avanzaba y las puertas seguían cerradas.

Yo estaba tranquilo. Confiaba en la vida. Si no había equipo, sería porque no tenía que haberlo. Y ya buscaría un nuevo camino.

El día que parece de película

Y llegó el penúltimo día del mercado de fichajes. Me llama el representante:

—Mañana, último día, coge el coche, pasa por Valencia y recógeme. Hay un par de opciones, pero nada seguro.

Mi padre, preocupado:

—¿No será mejor que te quedes?

—No, papá. Si no sale, vuelvo. Pero lo habré intentado.

Mi madre dejó caer alguna lágrima al verme salir. Ahora, siendo ya padre, la entiendo.

Cargué el coche. Conduje con esa mezcla de miedo y convicción. Sentía que iba a salir bien, como si la vida me hubiera preparado estos meses para esto. Recogí a mi representante. Él iba al teléfono sin parar. Yo escuchaba. Me sentía mercancía, pero sabía que era parte del proceso. Al final:

—Ya está. Tenemos acuerdo. Tira para X.

—¿Condiciones?

Un sueldo mínimo, piso compartido entre tres, comisiones para todos los intermediarios y pago a mes vencido. Casi cómico.

—¿Lo ves claro, Daniel? Si no es viable, lo dejamos y vuelvo.

Paramos a tomar un café. Llamé a casa:

—Mamá, papá, me voy para X.

Llegamos al club. Hablamos con el presidente. Pero de repente el representante recibe otra llamada y cambia su energía. Había llegado una nueva oferta: un equipo de segunda B andaluza, último clasificado, casi desahuciado. No conocía el nombre. Pagaban un poco más. Y, sobre todo, era lejos de Cataluña.

Perfecto.

Mi familia no sabía ni situar la ciudad en el mapa.

—Hijo, si no lo ves claro, vuelve —me dijeron.

Pero seguí mi camino.

El renacer inesperado

Llegué de noche. Un frío tremendo. Firmé el contrato con miedo, pero también con la claridad de quien sabe que ha llegado a donde tenía que llegar. Dormí en un hostal sencillo, revisé los últimos meses y lloré un rato. Pensé en mi familia, en mi barrio, en lo que me había costado llegar hasta ahí. Pero estaba en paz. Tenía un plan simple: trabajar, entrenar fuerte, vivir con sencillez y dejar que la vida hiciera lo suyo.

Y resultó ser uno de los seis meses más felices de mi vida.

Sencillez absoluta, entrenamientos intensos, un pueblo fácil y compañeros maravillosos. La vida se expresó y me reenganchó al fútbol.

El resto del camino

Mi carrera tuvo más éxitos y fracasos, pero partió de aquella caída y aquel resurgir. Al final disfruté de mi profesión, pude dar una vida digna a mi familia y me retiré a los treinta y siete años con alrededor de doscientos goles en la LFP (Liga de Fútbol Profesional). No fui jugador de primera división; mi carrera fue demasiado irregular. Pero sí fui un jornalero del fútbol, de galones, y acabé entre los veinte máximos goleadores de la historia de la LFP. Lo disfruté. Me hizo crecer. ¿Qué más podía pedir el hijo del ebanista?

¿Era necesario un camino tan tortuoso? Parece ser que sí.

A través de todas estas experiencias pude entender lo que hoy es el Capital Trascendente, una filosofía que ha dado lugar a dos aplicaciones prácticas: Ariete Wealth Management y Gate for Children Foundation, desde donde intento mejorar la vida tanto de atletas de élite y la sociedad como de niños en situación vulnerable.

Todo nace de allí. De mi historia. De esa frase que me acompaña desde que era un chaval: *Hatsuun Jindo*.

Aparté las nubes y encontré el camino.

2. La gran paradoja del éxito y la riqueza

Vivimos distraídos

La sociedad actual vive en una absoluta distracción. Vivimos distraídos. Confusos. Y no es extraño. La cantidad de estímulos e influencias que nos rodea tiene un objetivo claro: acaparar nuestra atención, ocupar nuestro tiempo y nuestra mente. Y lo consigue. Como consecuencia, no vivimos nuestro tiempo. Ese tiempo finito al que llamamos vida. En lugar de vivirla, la consumimos. Nos la tragamos como una hamburguesa de *fast food*: rápido, sin degustar, engulléndola, sin apenas notar su sabor. Sin calidad. Sin profundidad. Sin análisis, sin crítica, sin consciencia. Sin tiempo para preguntarnos qué queremos hacer, quién queremos ser.

Los ejemplos de situaciones son interminables.

- **Publicidad** a todas horas, visual o auditiva.
- Ese **móvil** que llevamos clavado a la mano, pero que, en realidad, está instalado en nuestro cerebro. Un objeto

pequeño, brillante, que ha conseguido colocarse en lo más alto de la pirámide de necesidades de Maslow.

- **Noticias, *fake news*, tertulias interminables,** manipulaciones continuas de nuestra mente. Violaciones directas a nuestro criterio, con un único objetivo: polarizarnos. Enfrentarnos. Convencernos de que cada día hay un gran problema. Que ellos son la solución. Que el culpable siempre es el otro. Olvidar que todos somos uno.
- **Deportes masivos** vividos con la obsesión y la violencia de un *hooligan* los domingos y con la apariencia de ciudadano ejemplar el resto de la semana.
- Los **maratones de series o televisión** que sirven mejor que la mejor de las anestesias de cualquier unidad de cuidados intensivos. La religión radical. La filosofía radical. Todo lo que sea radical.

Ismos y ruido al servicio del control

Como dice uno de mis maestros: los **ismos**. Probablemente lo que más violencia ha generado y más nos divide como humanidad. Comunismo, socialismo, capitalismo, neoliberalismo, machismo, feminismo radical, consumismo, ateísmo, religionismos… y así hasta mañana.

Que ocurran estas situaciones no es casual. Es de suma importancia para los fines de las clases dirigentes (no las nacionales, sino las verdaderamente superiores, las globales). Sirve para mantener a la población —a la masa— controlada. Controladitos, productivos corderitos. Mejorando el producto interior bruto (PIB). Vendiendo la vida a cambio de un dorado que nos pintaron y que sabemos que no es real. **Y, sobre todo, ocupados. Sin molestar. Sin dudar. Sin criticar. Sin reclamar.**

Porque imaginad, solo imaginad, que ese tiempo muerto dedicado al vacío y a la anestesia mental lo dedicamos a analizar. Individualmente. Sin influencias ni apasionamientos ni «hooliganismo». Analizando la situación real de nuestras vidas y de la sociedad. Nuestra vida y la que plantean. La vida que cada uno quiere. Leyendo o escuchando a las pocas voces que hablan desde el amor a la humanidad. Sin ismos. Queriéndonos.

Imagina que desde ahí formamos una crítica. Una decisión de cómo vivir. Y la reclamamos. Y la luchamos. Eso sería lo peor que le podría pasar al sistema y al *establishment*: que el *statu quo* se pusiera en duda. Que la continuidad del sistema se tambalease por el simple despertar de unas cuantas personas. Por rebelarnos frente a esta falsa normalidad.

Tenemos que abandonar los ismos, las etiquetas, los posicionamientos de blanco o negro. Entender que todos estamos hechos de grises, y que esos tonos van cambiando y evolucionando a lo largo de la vida. Nada es permanente. **Debemos tomar decisiones con conciencia, principios y espíritu crítico. Sin influencias interesadas.** Solo por nuestro bien y por el de la sociedad (cercana o lejana).

Lamentablemente, la historia de las revoluciones demuestra que intentar cambiar el sistema desde la fuerza y mediante la violencia suele acabar mal. Matas un monstruo para que nazca otro.

Vivimos en un sistema imperfecto. Es un mal sistema, sí... pero ha sido el que mejor ha funcionado para mantener cierta paz social y mejorar el bienestar económico.

Ahora bien: no ha funcionado igual de bien para el bienestar real de las personas. Pero no creo —ni podemos creer— en cambiarlo desde la confrontación.

> *El cambio debe venir desde dentro de cada uno.*
> *Con visión, conciencia y acción.*

El talón de Aquiles de las revoluciones

Es evidente que las revoluciones no han funcionado con un resultado estable y de progreso sostenido. ¿Por qué? Igual que los sistemas u órganos de poder, las revoluciones están formadas por personas. Personas con intereses materiales y mundanos, con capas acumuladas en el tiempo, ego, historias y sus cargas, sombras. Personas con diferentes y variopintos valores.

Las revoluciones no siempre han sido lideradas por almas limpias. Ni por líderes puros. Y eso es difícil de asumir. Lo reconozco.

- **Ortega y Gasset** lo dijo sin rodeos: la mayoría es masa. Masa que no se cuestiona, que sigue consignas, que repite lemas como dogmas.

- **Gustave Le Bon** lo explicó también: cuando el individuo entra en la multitud, pierde su razón, su juicio. Se vuelve sugestionable. Actúa desde la emoción, la reacción, lo instintivo. Nace el alma colectiva, y con ella muere la individualidad.

- **Nietzsche** lo advirtió en *Así habló Zaratustra*: la moral del rebaño impide que surja el superhombre. La mayoría vive bajo valores impuestos. No crea los suyos. No cuestiona. No asciende.

- Incluso el **Dalái Lama**, con esa sonrisa que es puro acero envuelto en compasión, lo insinuó cuando hablaba de ser dueños de nuestra mente, no esclavos del entorno.

Cada uno, desde su enfoque, nos alertó de lo mismo: no sigas el ruido. Y yo también os lo digo: las personas que forman esa parte del mundo no me interesan. Las quiero, sí —ejercito la compasión budista—, pero no escribo para ellas.

Este libro es para vosotros. Para los guerreros del alma, para quienes estáis dispuestos a dar el paso, quienes buscáis la consciencia, quienes aspiráis a una vida que trascienda la repetición automática como si de robots se tratara.

Identifiquemos el ruido y opongámonos
radicalmente: bloqueémoslo.

Preguntémonos: ¿de dónde viene esto? ¿Quién se beneficia? ¿Qué quieren de mí? Solo ese acto de conciencia, de tener criterio propio, ya es revolución. Una victoria. **Una forma de vivir con consciencia.**

Un río en una sola dirección

Creemos que somos libres. Ni de coña. Sales del parque infantil y entras en el sistema... y mueres. Metafóricamente, sí. Existencialmente también. Dejas de ser tú para convertirte en lo que se espera de ti.

Es un río que inevitablemente te acabará engullendo y que tiene solo una dirección: la que a ellos les interesa. Te harán creer que todo va bien. Agua tranquila, día soleado. El río parece manso, perfecto. Pero de pronto llegan las tormentas. Los rápidos. El peligro. Agujeros en la canoa. Taparás alguno, creerás que avanzas. Hasta te parecerá que eres feliz en algunos momentos. Entretenido. Distracción constante. Una «vida» en apariencia.

Pero en realidad estás haciendo ese trayecto como si estuvieras revisitando por tercera vez todas las temporadas de *Friends*: sin mirar el paisaje real a tu alrededor. Sin disfrutarlo ni detenerte a respirar, sin poder elegir ni una sola bifurcación del río, sin alma. Como un autómata.

Y si por un momento te sales del rebaño, tranquilo: tu propio cerebro —adiestrado por el sistema— te devolverá, suave y sin resistencia, al cauce principal.

El éxito que define el sistema es un engaño

Vamos a pasar el bisturí —de forma somera, no académica— por el concepto de éxito que nos han instaurado. O, mejor dicho, por los conceptos. Porque hay más de uno. Y casi ninguno conecta de verdad con lo que buscamos: una vida con significado.

1. **Éxito profesional**
   a. **Tener cada vez un cargo más alto:** escalas en la empresa. Ganas más, gastas más. Eres clase media. Hasta que un día llegas a tu máximo nivel de capacitación. Y, en algún momento, te despiden. Entonces, te encuentras con una edad profesional alta e importantes obligaciones económicas. En otras palabras, un tren de vida que creció al mismo ritmo que tu sueldo y que ahora no puedes mantener. *Game over.*
   b. **Eres «superimportante»,** sí, pero no llegas con presencia absolutamente a nada, y menos a tu gente, tu familia, tu casa o —sobre todo— a ti mismo.
   c. **Estar muy ocupado:** haces, haces y haces, en un círculo vicioso que nunca se acaba. Siempre al 110 % de tu tiempo y capacidades. Productividad «corderil».
   d. **Tener más influencia:** pasas más tiempo con gente que no te cae bien, que no te quiere, que en realidad no te importa y que no estará cuando tu vida se rompa. Todo por adquirir cuotas de poder e intentar ser parte del *establishment.*

2. Éxito económico

a. **Ganar más**, cada vez más. Pero ¿para qué? No está claro, pero quieres más. Compras el arquetipo de clase media (que está desapareciendo de la clase social, por cierto): casa, segunda residencia en la montaña, dos cochazos. Los niños al colegio caro, en inglés-francés-chino, no sea que se mezclen con la «chusma».

b. **Inversiones llevadas por avaricia o soberbia**: si sobra algo —cosa que dudo— lo inviertes. Lo más sofisticado posible que no puedas entender. Eso es lo que mola contar. No un fondo o depósito. ¿Ahorrar? Eso es de pobres.

c. **Alardear de riqueza**: si tienes pasta, ¿de qué sirve si no puedes enseñársela al vecino, a la familia o a los compañeros de trabajo? Marcas grandes, bien visibles: ropa, coches, relojes. Que se note el estatus.

d. Esto me lo dijo un amigo, patrón de barcos. Sabiduría pura: «Puedes comprarte el yate más caro para vacilar… **siempre vendrá otro más grande**, amarrará a tu lado y te meará en la cara».

e. **Medir el éxito en cosas físicas, económicas o superficiales.**

3. Éxito intelectual

a. Tener **muchos conocimientos, nula sabiduría**: ser un tonto útil, diría el maestro.

b. **Acumular títulos**: muchos, claro. A poder ser, colgados en la pared y en LinkedIn.

c. **Infravalorar la humildad:** eres el que más sabe de la sala o conversación, de cualquier tema, hablas con vehemencia y con mucha intensidad. Aunque sepas poco o nada del tema.

d. **Competir individualmente por brillar,** en vez de buscar caminos de cooperación y suma.

4. Éxito social

a. **Conocer mucha gente,** con un grado de relación superficial. El extremo es inevitable: no tener un hombro donde llorar.

b. **Tener muchos seguidores y *likes*:** ¿a qué? Da igual: cantidad como valor.

c. **Viajar, la gran droga de la superficialidad:** vas a muchos sitios; cuanto más lejanos, mejor, y sin parar. Llegas, haces las fotos «instagrameables», subes el carrete entero y vuelves corriendo al hotel para editar y postear. No vaya a ser que pase algo auténtico. Pasar de turista a viajero —sentir el ritmo, hablar con la gente, intentar entender algo más profundo— parece, hoy, una excentricidad de pobres.

d. **Viajar para ver a personas pobres** y subirlo a las redes.

e. **Ser de plástico:** vendes siempre imagen de éxito.

5. Éxito personal

a. **Ser perfecto,** con vida perfecta: haces yoga, lees muchos libros, acudes a multitud de exposiciones y consumes comida *healthy* (fotografiada, claro). Obviamente, te preocupas por causas sociales y naturales. Postureo.

b. **Ser feliz siempre:** vendes una vida idílica.

c. **No mostrar debilidades:** si lo haces, es solo para atraer.

d. **Conciliar** (¡no puedo con este «palabro»!).

e. **Fluir:** arghhhhh. Yo he fluido de verdad en varias situaciones de mi vida. Sé lo que es. Es un estado en el que te conectas con la tarea o actividad que haces, y todo lo demás queda aparcado. Desaparecen las distracciones. El tiempo se diluye. La mente no está dividida: está presente. Lo que haces y lo que eres en ese momento se alinean, y todo sale de manera natural, con claridad, con enfoque. Es estar ahí, plenamente. Pero el «fluir» del *new age* es otra canallada. Una prostitución de palabras bellas y de significados profundos, convertida en versión superficial y frívola del *fast food* **espiritual** que nos sirve el consumismo. Una caricatura de la verdadera presencia. Veamos un diálogo ficticio:

—Voy a dejarme fluir.

—Claro, querido, fluir es importante.

—Siento que necesito un tratamiento élite mega-VIP en el *spa*. Me llena el alma.

—Pero, cariño... si es martes. Tenemos reunión de ventas. Y tú mismo dijiste que no llegas a final de mes.

—Ya, pero me lo merezco. Necesito fluir, ¿entiendes?

—Perfecto. Pues fluye hacia la ruina, que también es una experiencia espiritual.

Los conceptos de éxito de la sociedad actual
no son creaciones aleatorias. Tienen base, objetivo
y soldados muy bien definidos a lo largo de decenas
y decenas de años de perfeccionamiento.

Tranquilo, porque en esa hemos estado todos. Entonces, ¿qué hacemos, tigre? ¿Lo mando todo a cascar y empiezo de cero? Hombre... no necesariamente. O quizá sí. Eso lo irás viendo tú, con tu propia sabiduría e intuición.

No nos queda más que caminar por el sendero de la crítica, del autodiagnóstico y de la consciencia. Solo desde ahí podremos empezar a introducir cambios. Poco a poco, entendiendo cada paso, sin ingenuidad.

Y si alguno de esos cambios debe ser radical, que lo sea. Pero con un plan claro y un porqué sólido. No cayendo en el otro extremo del ismo, ese que disfraza de libertad, pero huele a hipismo, pasotismo y fuga de responsabilidad.

El «éxito» que el sistema nos ha vendido no es éxito:
es una trampa, un mecanismo brillante
para manipularnos y mantenernos controlados.

¿Cómo se reparte la riqueza en el mundo?

En la vida diaria damos muchas cosas por supuestas. Como si fueran obligatorias. Innegociables. Tan normales que ni las agradecemos, ni las valoramos. Ir al baño. Abrir un grifo y que salga agua saludable y transparente. Eso es la hostia. Un privilegio absoluto. Solo hace falta viajar fuera de los circuitos turísticos para comprenderlo.

Tenemos que rebelarnos contra nosotros mismos y contra ese modo de pensar y operar que da por supuestas —y casi obligatorias— cosas que en realidad son excepcionales. Y ni las agradecemos. Esa falta de gratitud es vivir sin consciencia: en automático, distraídos, sin atención real a lo que ocurre a nuestro alrededor ni al porqué. Y, aún más grave, sin preguntarnos qué ha tenido que pasar, qué cadena de hechos, esfuerzos o decisiones ha hecho posible esa situación o beneficio que disfrutamos sin darnos cuenta.

La próxima vez que te sientes a comer, te pido algo sencillo: respira tres veces de forma profunda. Solo eso. Y valora la cantidad casi infinita de situaciones y acciones que han tenido que suceder para que ese plato esté ahí. Su origen, su manipulación, su transporte y su venta. Incluso el dinero con el que lo pagas, la persona que lo ha cocinado. Los utensilios, la cocina, la mesa, el menaje, el espacio en el que lo disfrutas. Una cadena humana, material y logística extraordinaria.

Y, aun así, víctimas del ajetreo y la distracción, lo engullimos sin ser conscientes del momento, del sabor ni del cúmulo logístico, humano y vital que lo ha hecho posible. ¡Un milagro! Un milagro cotidiano.

Somos la élite de la calidad de vida, no solo de la población mundial actual, sino de toda la historia. Eso no significa que no existan situaciones extremas —personas y familias en el llamado «primer mundo» con deficiencias económicas o emocionales severas, pobreza real, lo que algunos llaman el cuarto mundo—. Existen, y muchas.

Para esos casos, es donde quiero que los impuestos —que cada año baten récords de recaudación— se utilicen con eficiencia. Ayudas suficientes para que las personas recuperen su dignidad y puedan generar sus propias soluciones. No para convertirlas en zombis mantenidos. O, al menos, no de manera permanente.

La ayuda efectiva es la que genera riqueza real para todos.

Porque sí, somos élite. Con nuestras penas y dramas, claro. Pero élite, al fin y al cabo. Si tomamos el *Global Wealth Report*[3] elaborado por la entidad UBS, de los 8500 millones de habitantes del mundo, unos 4800 millones serían adultos. Y si analizamos solo a los adultos, aparece lo siguiente:

- El **1,25 %** de la población mundial posee **casi el 50 % de la riqueza económica**.
- El **60 %** de la población vive con **solo el 1 % de la riqueza mundial**.
- Y el dato más duro: **838 millones de adultos** —casi **el 20 %** de la población adulta— viven con **menos de 3 dólares al día**.

---

3. *Global Wealth Report 2025*. (s/f). Global Wealth Management. Recuperado el 26 de enero de 2026, de https://www.ubs.com/global/en/wealthmanagement/insights/global-wealth-report.html.

Qué sistema social tan injusto.

Y si miramos a los niños, la cifra es todavía peor, porque muchos dependen del entorno adulto en el que viven.

Tramo de capital	Número de personas	% sobre población adulta	% riqueza mundial
Menos de 3 USD/día	838 000 000	17,46 %	0,1 %
Menos de 10.000 $	2 800 000 000	58,33 %	1,2 %
10.000 $ - 100.000 $	1 300 000 000	27,08 %	12,0 %
100.000 $ - 1.000.000 $	628 000 000	13,08 %	39,2 %
Más de 1.000.000 $	60 000 000	1,25 %	48,1 %

Fuente: Global Wealth Management

El 80 % de la riqueza económica mundial está en manos de menos del 15 % de la población, y esta distancia continúa agrandándose.

Eso ya nos sitúa en una posición clara que debemos entender: somos privilegiados. Debemos agradecer, valorar, casi venerar que, solo por haber nacido en un lugar y no en otro, ya partimos con mejores condiciones. **Ese inicio, de alguna manera, se nos ha regalado.** Que esas ventajas se conviertan en una vida significativa, en cambio, es responsabilidad nuestra. Y también forma parte de lo que la vida tenga preparado para nosotros.

Cada vez que visito la fundación en Tailandia, mientras observo a los niños de Gate, no puedo evitar pensarlo: solo el azar decidió que esa niña naciera allí y una de mis hijas en Barcelona... y no al revés. Solo el azar marcó la diferencia de su inicio. Sus recursos. Sus opciones. Solo el azar.

¿Qué significa la riqueza hoy en día?

La idea de riqueza hoy se ha vuelto cuantitativa. Son números. Cantidades. Igual que nos han vendido un concepto de éxito en todas sus variantes, también nos han inculcado una idea de riqueza totalmente utilitarista, individual, aspiracional. Determinista también, porque parece que su consecución define si tu vida «merece la pena» o no.

Este supuesto «éxito» se mide con parámetros clásicos del materialismo: dinero acumulado, propiedades, activos, estatus, capacidad de consumir. Una vida llena de lujos que no necesitamos para vivir, pero que sí sirven para aparentar ese estatus y convertirlo en una herramienta de medición del éxito.

Y, sobre todo, para compararnos. Como buenos seres humanos, siempre nos estamos mirando de reojo: ¿tengo más que el de al lado? Me fascina esta capacidad nuestra: cómo nos valoramos por contraste, como si nuestra identidad dependiera del reflejo ajeno y no de nuestra propia vida.

En una empresa pasa lo mismo. En un equipo de fútbol, igual: queremos saber cuánto gana el otro para calibrar nuestra propia felicidad. Si yo tengo o recibo más, estoy contento. Si el otro tiene más, me frustro y quiero superarlo. Y todo ocurre en un marco relativo. Nada es absoluto. Solo comparamos. Qué especie tan compleja y maravillosamente contradictoria somos.

Con este mecanismo, el sistema ya tiene medio camino hecho para controlar a la masa, a los corderos. Señala el camino —lo que supuestamente «debería» significar el éxito— y, una vez fijado, señala el objetivo: la riqueza. Pero entendida de forma material, contable, superficial.

El concepto de riqueza desde el Capital Trascendente es justo lo contrario: invierte el orden. El sistema te programa la mente: primero te marca el camino, después te impone el objetivo. La trascendencia invierte: primero defines tu objetivo real —lo que quieres, lo que necesitas, lo que te importa— y solo entonces diseñas el camino para alcanzarlo. La persona en el centro: sus sueños, su vida, su verdad.

Nos han inculcado el objetivo desde pequeños, por todos los medios posibles: riqueza y éxito. O, más bien, lo que ellos quieren que creamos que es éxito.

Pues no es así. Ni de coña.

Ese camino solo te convierte en una pieza más del sistema. Otro tonto útil. Y tarde o temprano llegará la crisis: existencial, de propósito, de reconocimiento o de no haber vivido una vida con sentido.

Porque eso es lo que os digo a lo que debemos aspirar: a máximos. A máximos de sencillez. A máximos de significado, de paz, de quietud, de consciencia. A saber, que estamos en el camino correcto. No ser «otro ladrillo en el muro», como decía Pink Floyd. *Another brick in the wall.*

La riqueza es un medio, no un fin.

Ese simple cambio ya lo altera todo. En el análisis anterior vimos que el sistema pretende que el objetivo sea su concepto de éxito y que la riqueza utilitarista y superficial sea el camino para medirlo. **El Capital Trascendente rompe esa lógica. Cambia las reglas y los conceptos y los pone al servicio de las personas: de sus objetivos, de sus sueños y de su vida.**

Porque rico no es tener más dinero o más patrimonio. He conocido gente muy adinerada que era profundamente pobre en lo humano. Y al revés: personas con ingresos modestos que eran auténticamente ricas en amor, autoestima, significado vital y satisfacción con su vida.

Ejemplo claro: mírale la cara a algunos grandes CEO o presidentes de multinacionales. Caras cansadas, tristes, piel gris, ojeras. Y compáralo con algunos trabajadores de cuello azul, currantes de toda la vida, que van por la calle silbando. Trabajan duro, sí, pero entre risas con los compañeros, con un propósito claro, con una comunidad real a su alrededor. Eso también es riqueza. Riqueza en su acepción más trascendente.

Yo lo recuerdo bien: cuando desde la ebanistería íbamos a montar muebles a casa de clientes. A veces había otros industriales trabajando allí. Ese trabajo era durísimo: empezaba temprano y acababa cuando se acababa, no cuando sonaba un reloj. Pero el ambiente era alegre. Había gusto por el trabajo. Creabas cosas bellas y útiles. Se sudaba, pero también se reía. Se compartía bebida y conversación.

Se les ve viviendo duro, sí, pero con las ideas claras: saben por qué lo hacen y para qué. Seguramente su objetivo inmediato es la supervivencia económica. Pero tienen algo que muchos con grandes sueldos jamás llegan a tener: un entorno de amigos reales, una comunidad de la que se sienten parte, con la que comparten momentos y situaciones.

Eso también es riqueza, en su acepción trascendente. Y, sin duda, están más cerca de la trascendencia personal que la mayoría. Aún lo recuerdo con mucho cariño y paz. Y contrastaba con algunos hogares más clasistas, más apagados, menos naturales, aunque también conocimos casas donde la gente que nos atendía era maravillosa... casi siempre primera generación, los que realmente se habían ganado ese estatus.

Así que, si la riqueza es un medio y no un fin, y si el «éxito» inculcado por el sistema no es el objetivo, entonces toca definir dos cosas esenciales:

1. ¿Qué es la riqueza trascendente?
2. ¿Cuál es el fin desde la trascendencia?

La riqueza trascendente

Olvidémonos de la riqueza desde la visión del *establishment* que nos han grabado a fuego. No es material. Si no nos acerca a un lugar mejor, sostenible en el tiempo, entonces no es válida.

La riqueza, desde la óptica del Capital Trascendente, es tan
simple como tener lo necesario... y saber que es suficiente.
Estar en paz con ello y con el estilo de vida que permite.
Con el fin de tener una vida con significado.

No confundamos la riqueza trascendente con una visión complaciente y conformista. No. Hablamos de elegir, de forma consciente, cómo quiero vivir, qué necesito para ello y, lo más importante, qué peaje quiero y he de pagar para llegar a ese punto.

Cuando hablo de tener, no hablo de dinero y patrimonio. Está claro que esa variable debe aparecer porque en el mundo que vivimos debemos saber movernos y adaptarnos a un sistema ya creado, donde se necesitan cosas y se tienen responsabilidades. Pero lo llevo más allá.

- **Es disponer de los recursos necesarios para vivir con un propósito** —o varios— que me llenen. Que me hagan sentir orgulloso y firme en el camino que transito. Sea un camino épico o uno más común. Eso es lo que me dará una vida sin miedo. Una vida libre para elegir mi rumbo de forma consciente y asumir, sin victimismo, lo bueno y lo malo que traiga.
- Es que tu capital (económico, espiritual, emocional, social...) **trabaje para ti.** Que esté a tu servicio. Al servicio

de tu propósito vital y de **la forma de vida que tú eliges**, no la que te imponen.

Esto nos llevará a tomar decisiones sin la presión del sistema ni de la mirada social. A una vida más simple y plena. A cuidar y cuidarnos mejor. A estar más conectados con los nuestros. A respirar y sentir que formamos parte de algo más grande. **A disfrutar de nuestras obligaciones** (aunque yo no concibo el trabajo como una obligación. Convertirlo en enemigo es un error, ya hablaremos de ello). A pasar del yoísmo al nosotros. A desarrollar una conciencia más social, más al servicio del mundo, aunque sea desde lo pequeño y lo local. A trascender en las personas en la medida que nuestras condiciones nos permitan. Y, sobre todo, a dejar de sentir que vivimos como farsantes, como títeres, como corderos del sistema. A sentir que eres fiel a ti mismo y a la vida que crees que debes vivir, identificando con precisión qué prioridades eliges y qué situaciones quieres —y no quieres— en tu vida.

Imaginemos este diálogo:

—Vale, bro. Entonces me pongo cresta, me tiño de rojo, me tatúo una A anarquista en la frente y salgo a quemar *containers*.

—No, querido. Eso es otro cliché barato. Más ruido del sistema disfrazado de rebelión.

—¿Entonces tampoco me mudo a la comuna hippie-okupa de la esquina para «fluir» y «despertar»?

—Tampoco. Esa es la versión *low cost* de la revolución.

—Entonces, ¿qué hago, maestro espiritual-antisistema-consciencia-plus?

—Crea tu propio mundo. Uno pequeño, auténtico, coherente contigo. Conectado con tu gente.

—¿Y ya?

—Sí. Porque esa pequeña creación tuya tendrá impacto en EL MUNDO. Con mayúsculas. Mucho más que cualquier contenedor ardiendo.

Yo quiero relaciones que me nutran de verdad, que sean reales, cercanas. Y quiero tenerlas con personas que sumen y a las que yo también pueda sumar. Quiero tiempo libre con sentido, no tiempo muerto. Quiero **un trabajo que me llene**, que dé significado a las horas que voy a invertir en él cada día, porque es absurdo pasar media vida trabajando y que esa mitad no diga nada de quién eres. Y **quiero disfrutar de una buena salud** física, sí… pero sobre todo mental. La que te permite dormir en paz, mirar a los tuyos con calma, sostener tu vida desde dentro y no desde la reacción constante. La salud que te ancla a lo esencial y te recuerda quién eres cuando todo alrededor va demasiado deprisa.

¿Por qué tenemos que estar medicados toda la vida contra el estrés, la ansiedad o la depresión? ¿En qué momento un médico, un científico o una farmacéutica tuvo los santos huevos de decirnos que eso era **normal** y que la solución era medicarnos… para siempre? Tratar el síntoma y no la causa. Piezas del sistema.

Por último, quiero un propósito. Una dirección clara que tomar. Porque cuando una persona encuentra su propósito y vive desde la autenticidad, ocurre algo mágico: **brilla**. Destaca en medio de la multitud. Encarna una simplicidad poderosa, un discurso claro pero profundo. Y lo hace desde el ejemplo silencioso, no desde la teoría.

Para muchos, esa forma de vivir es un acertijo. Para otros, una amenaza. Pero para algunos (los sensibles, los que intuitivamente detectan lo no uniforme, lo diferente, lo extraordinario dentro de la sencillez) esa luz se convierte en una referencia, un espejo, una mínima chispa que puede encender un fuego interior: un paso de mejora, una evolución, un despertar de consciencia. Y, por qué no, una asunción personal de la trascendencia vital.

No cambiaremos el mundo. Eso es una quimera fuera de nuestro alcance. Y la humildad es aceptar el límite de que siempre habrá tontos útiles, cargados de títulos, poder o influencia, que dirán que todo esto son tonterías. Y les daremos la razón. Porque no vamos a perder ni medio segundo instruyendo a quien no quiere oír (cuando una taza está llena, no puede recibir más líquido). Aunque en su interior sepan que están vacíos, que algo les falta, aunque crean que la vida «es así»: cinco pastillas diarias y que siga sonando la música.

No vamos a conformarnos con el pack
mediocre que nos venden.

Podemos cambiar el espacio en el que impactamos. Y si lo cambiamos nosotros, y otro, y otro… entonces sí cambiaremos una parte del sistema. Y lo haremos más humano, más consciente, más trascendente. Porque yo no me conformo con una vida mediocre ni con pasar por aquí sin dejar huella. Y tú tampoco, *my friend*.

El fin de la riqueza no es el éxito

Ya tenemos identificada la riqueza desde la óptica de la trascendencia. El sistema, en cambio, nos enchufa que el objetivo de la riqueza, su consecuencia, es «el éxito». Una patraña más de la zanahoria y el burro. *Desestimada. Next.*

El Capital Trascendente nos dice algo radicalmente distinto: **el fin debe ser otro.** Y desde luego, si ahora dijera que el fin es «la felicidad», me merecería un guantazo de revés por caer en tópicos baratos. Porque no, el objetivo no puede ser la felicidad. Esa «felicidad» también es un eslogan manufacturado por el *establishment.*

Esta es la felicidad según el sistema

- Cómprate esto y serás feliz.
- Cámbiate el coche, cutre, y sé feliz.
- Viaja a Bali y sé feliz.
- La marca de ropa que te hace feliz es míster Macuco.
- Trabaja veinte horas y sé feliz.
- No trabajes y sé feliz.

- Bro, compra mi curso y hazte millonario: felicidad garantizada.
- Si tu piso no es así, no puedes ser feliz.

¿Sigo?

Todo esto es **dopamina exprés**. Roles prefabricados para dos objetivos muy simples:

1. Que trabajes más, te agobies más y te endeudes mal, asumas responsabilidades fuera de lo normal y así te sientas menos.
2. Que gastes más. Punto.

Lorazepam, por favor. Mezclado, no agitado.

Nos crean un sentimiento permanente de carencia. Siempre nos falta «algo», un puntito, una cosita. Y cuando por fin la compremos... ahora sí: *seremos felices*. Llegaremos a nuestro El Dorado. Despierta, Fermín. No.

El objetivo no es la felicidad. La vida te dará momentos felices, efímeros. Y también momentos tristes.

Las dos caras de la moneda. Yin y yang. Uno define al otro. Sin uno, el otro no existe. Debemos aprender a aceptarlos, soltarlos y darles su justa importancia: la del punto medio.

Atento, esto es capital. Grábatelo:

> *El fin es quietud, paz mental, equilibrio*
> *del espíritu: una vida en armonía.*

No se trata de buscar una vida perfecta y sin problemas, sino con la armonía suficiente para saber hacia dónde camino. Para sentirme bien en ese camino, para entender que mi vida es un aporte (pequeño o grande) a un mundo y a un sistema mejores. El objetivo es vivir una vida en la que mis actos tengan impacto en mí, en los míos y, en caso de tener fibra social, también en otros, en la que pueda afrontar los golpes con perspectiva, sabiendo que hay algo más grande que todos nosotros, y en la que pueda poner en contexto los éxitos. En definitiva, una vida cuya frecuencia vibra alineada con la frecuencia de la vida.

Es la quietud, la coherencia interna, lo que da sentido y propósito, lo que enciende ese fuego interno, cálido y sostenible.

Pero para llegar ahí se necesita algo: **valentía**. La valentía de ajustar, poco a poco, tu situación actual hacia la vida que realmente deseas. Al margen de la comprensión (o incomprensión) del entorno. Al margen de lo que dicte el sistema. Y hacerlo sin quemarlo todo. Sin rabia. **Hacerlo desde el amor** hacia ti, a los tuyos, a los que corren como conejillos de Indias en la rueda sin fin de su caja e incluso a quienes dominan el sistema. A todos ellos.

Si tuviéramos que hacer una lista (como nos encantan las listas), yo me centraría en:

- Tomar consciencia de la situación actual. Vivir despierto.
- Decidir cómo quiero vivir y quién quiero ser.
- Elegir cómo quiero ser recordado; cuál será mi legado.

- Dotar de trascendencia a mi vida.
- Vivir con libertad.
- Preocuparme por los demás, cercanos y lejanos.
- Crear impacto positivo donde pueda y cuando pueda.
- Aprovechar el camino para crecer como persona trascendente.

El fin es tener una vida con sentido,
propósito, armonía y quietud.

3. El sistema ha quebrado y tiene el control de tus decisiones

Se cae el mercado inmobiliario mundial en un despacho de representación futbolístico

Recuerdo ese junio de 2008 como si fuera ayer mismo. Tenía ya treinta y cinco años recién cumplidos. Venía de jugar en un equipo de fuera de Barcelona. Ya el ocaso de mi carrera. Quería vivir en Barcelona con mi familia, con mis hijas. Tenía muy claro qué quería hacer el día de mañana. Como he comentado, mi propósito sería ayudar a mis compañeros de profesión, futbolistas y, más tarde, atletas a transformar el éxito profesional en un éxito vital. Que el día después fuera un paso más en su vida y no un abismo oscuro e insalvable.

Llevaba años estudiando economía, mercados, legislación, el mundo de la inversión, fiscalidad... era pasión. Sigue siendo obsesión.

Fui a ver a mi representante de aquella época a su despacho en Barcelona. Necesitaba poner las cartas sobre la mesa. Le dije que quería vivir uno o dos últimos años de fútbol, pero en modo disfrute, sin la presión constante de ser siempre el mejor, el máximo goleador, el que resuelve el partido cuando todo va mal.

Mi carrera fue intermitente, sí, pero para mí fue un éxito: cumplí el sueño de ser futbolista profesional. Aunque ese sueño vino acompañado de una exigencia muy alta, una obligación silenciosa de estar siempre arriba, de sostener el equipo, de ser la solución.

Yo ya no quería eso. Quería reencontrarme con ese niño que jugaba en el parque sin pensar en estadísticas, contratos ni titulares. Quería volver al origen. **Back to the roots**. A mis raíces. A la esencia. A la pureza del juego.

Y así decidimos dónde jugar la próxima temporada y en qué condiciones. No fue difícil: mis números y mi nombre me ayudaron. Lo que iba a ser una temporada de retirada, sin presión y sin exigencias, acabó convirtiéndose en **dos temporadas, un casi ascenso y más de treinta y cinco goles.**

La historia de mi vida: siempre atrapado entre el sesgo de la escasez… y el del héroe.

Bueno, vuelvo a ese despacho. Sentado con mi representante. Amablemente se preocupa por qué pienso hacer el día de mañana. Siempre me había tenido como un jugador que se formaba, que era curioso, que intentaba mejorar como persona. Que se preguntaba más allá.

Le explico mi idea de crear lo que un año más tarde sería Ariete Wealth Management. También le hablo de la formación que quería realizar y de cómo quería ayudar a mis compañeros.

Le entusiasma la idea y la ve muy necesaria también. Él, desde su óptica profesional, también lo vivía y sufría viéndolo en sus representados.

Pero lo importante viene ahora.

Le empiezo a trasladar a mi representante mis inquietudes sobre lo que estaba pasando en Estados Unidos desde junio de 2007. No tenía una bola de cristal, pero era evidente que en los últimos doce meses se estaba gestando un tsunami que, tarde o temprano, llegaría a España. Le explico las quiebras de fondos inmobiliarios y de algunas entidades en Estados Unidos. El sistema ya estaba crujiendo.

Situémonos: 2007. **Pico absoluto de la burbuja inmobiliaria en España**, aunque entonces nadie la llamaba «burbuja»; era el Santo Grial de la inversión. Una década prodigiosa: desde 1997 hasta 2007 se construyeron alrededor de 6 millones de viviendas, con un máximo histórico de 650 000 en 2007. Para comparar: en 2016 se construyeron apenas 40 000. Más de 15 veces menos.[4]

Boom and bust.[5]

4. Seijas, N. (2025, 2 julio). *Del ladrillazo al desplome de la vivienda protegida: la evolución de la construcción de casas en España - Mapas de El Orden Mundial - EOM.* El Orden Mundial - EOM. https://elordenmundial. com/mapas-y-graficos/ladrillazo-vivienda-protegida-evolucion-construccion-espana.

5. *Boom and bust* (auge y caída): expresión utilizada para describir los ciclos económicos caracterizados por una fase de crecimiento rápido y sostenido de la actividad económica (*boom*), seguida de una fase de contracción, ajuste o recesión (*bust*), normalmente asociada a desequilibrios previos como el endeudamiento excesivo, la especulación o la sobreinversión.

En aquella época todo el mundo (repito, TODO el mundo) ahorraba, invertía o especulaba en ladrillo. A cualquier escala. El dogma era claro: «El tocho nunca baja». Lo sigo usando hoy como ejemplo de creencias absolutas absurdas, junto a otras joyas como:

- Los videoclubs son una inversión segura.
- Compra un local y alquílalo a un banco: nunca cerrarán.
- Un depósito bancario no tiene riesgo.
- Esta vez es diferente.
- La bolsa siempre sube a largo plazo.

Pero la codicia no tiene memoria. Y el ladrillo siempre vuelve a ser la inversión favorita porque «se puede tocar». Desde luego no es un mal activo de inversión, pero está lleno de aristas… y casi nadie las ve hasta que ya es tarde.

La realidad fue que el colapso inmobiliario arrastró al sistema bancario y, con él, la reputación y solvencia del país. Fue durísimo, y dejó miles de cadáveres económicos por el camino. Y mi gremio —el deporte profesional— lo sufrió especialmente. Muchos atletas vieron cómo su patrimonio sufría justo cuando más lo necesitaban: en la transición a la vida después del fútbol. Algunos lograron rehacerse; otros nunca se recuperaron.

Yo lo vi de forma directa. En muchos casos era imposible construir una planificación con ingresos menguantes, fin de carrera, hipotecas altísimas y activos cuyos valores caían un 50 %. Según la ley hipotecaria de entonces, aunque vendieras el piso o lo entregaras en dación, si el valor no cubría la deuda, el resto de deuda te perseguía de por vida. No te librabas. Hubo situaciones en las que ya no se trataba de construir un patrimonio sostenible. Se trataba de algo más básico y doloroso: **explicar a compañeros qué nivel de vida podían mantener, y por cuánto tiempo, hasta reinventarse en una nueva profesión.**

Muy duro, pero era el reflejo exacto de lo que vivía toda la sociedad, cada uno a su escala, cada uno con sus circunstancias.

Tuvimos una conversación muy encontrada sobre la situación y posible evolución del mercado inmobiliario al que se unió su mujer. Nadie les avisó de esto desde las altas bancas privadas. No les culpo. Era casi imposible pronosticarlo y mucho menos que el sistema iba a levantar la mano diciendo que estaba herido de muerte. Yo solo leí algunas líneas maestras entre el ruido que nos valieron para surfear esa época.

Supongo que desde esa conversación y lo que vino después dejaron de ver al futbolista, empezaron a ver al profesional económico y comenzaron a confiarme su planificación patrimonial. Gracias.

La gran crisis financiera mundial

Cómo la viví desde dentro

En septiembre de 2008 yo estaba entrenando, feliz por jugar al fútbol, mientras me preparaba para empezar el máster que daría origen a un proyecto que nadie había hecho hasta entonces, Ariete. Llevaba los últimos tiempos estudiando por mi cuenta lo que estaba ocurriendo en Estados Unidos. Desde junio de 2007 se acumulaban señales claras de que algo muy serio estaba gestándose. En España, sin embargo, no se comunicaba prácticamente nada, y cuando se hacía era para restar importancia. Algunos dirigentes incluso proclamaban: «Si hay crisis, nos rozará». No acertaron.

En marzo de 2007, el prestigioso diario *Financial Times* advirtió sobre la insostenibilidad del crecimiento del mercado inmobiliario, sustentado en incrementos de los precios de la vivienda cercanos al 150 %, un elevado endeudamiento de los hogares y una burbuja ligada al crédito barato. En ese mismo momento, el diario puso ya nombre a la burbuja inmobiliaria que afectaba tanto a España como a Irlanda. Años más tarde, en julio de 2012, *The Economist* dio por consumado el estallido de dicha burbuja al reflejar la gravedad de la crisis española, en un contexto en el que el país pasó de *Spain* a *Pain* —dolor— en la percepción económica internacional.

Yo estaba alerta. Y, paradójicamente, aquel momento crítico resultó idóneo para empezar algo nuevo: cuando aumenta el miedo, surgen más preguntas; y cuando surgen más preguntas, crece la necesidad de guía. En ese sentido, toda crisis es también una oportunidad.

La cadena de eventos que desató el colapso (2007-2009)

La crisis no estalló de un día para otro: fue una cascada de detonaciones.

- **Junio de 2007**: Bear Stearns, uno de los grandes bancos de inversión de Estados Unidos, reconoce pérdidas en fondos ligados a hipotecas *subprime*. Primera grieta visible.
- **Agosto de 2007**: el banco francés BNP Paribas congela fondos por falta de liquidez. El mercado interbancario empieza a secarse.
- **Septiembre de 2007**: Northern Rock, banco británico muy dependiente de la financiación mayorista, sufre una corrida bancaria: los clientes hacen cola para retirar su dinero; el Estado acaba interviniendo y, finalmente, nacionalizando la entidad.
- **Marzo de 2008**: JPMorgan, uno de los mayores bancos del mundo, compra Bear Stearns por dos dólares por acción con apoyo de la Reserva Federal (Fed).
- **Septiembre de 2008**: el Gobierno interviene Fannie Mae y Freddie Mac, dos gigantes hipotecarios semipúblicos.
- **15 de septiembre de 2008**: quiebra de Lehman Brothers, uno de los grandes bancos de inversión de Estados Unidos, fundado en 1850. Pánico global.
- **16 de septiembre de 2008**: la Fed rescata AIG, una de las mayores aseguradoras del mundo, con 85 000 millones.

- **Octubre 2008:** el Congreso de Estados Unidos aprueba el Troubled Asset Relief Program (TARP), un plan de 700 000 millones de dólares para salvar bancos.
- **2009:** la Fed lanza el primer programa ***Quantitative Easing*** (QE) —la impresora de dinero empieza a funcionar sin control—.

Este conjunto de eventos evidenció un sistema hipotecario construido sobre deuda impagable, activos sobrevalorados y entidades financieras cargadas de productos tóxicos.

España: del mayor boom *de la historia al mayor ajuste conocido*

Para entender la magnitud:

- **1997-2007:** década prodigiosa. Se construyen **6 millones de viviendas**.
- **2007:** 650 000 viviendas nuevas construidas en un año, en un máximo histórico.
- **2016:** solo se construyen 40 000 viviendas ese año, lo que supone una caída de más del 90 %.

Como ya hemos mencionado, España vivía inmersa en el dogma del ladrillo: «el tocho nunca baja». Todo el mundo invertía en vivienda, desde familias hasta profesionales, desde ahorradores hasta especuladores.

Pero, cuando subieron los tipos, las hipotecas variables se volvieron impagables. La compraventa se secó. Los precios se desplomaron. Y miles de familias y entidades entraron en quiebra.

Para agravar la situación, **la legislación hipotecaria española no liberaba al deudor**: incluso entregando la vivienda, si el valor obtenido no cubría la deuda, el resto seguía persiguiéndolo de por vida.

Como consecuencia:

- Colapso del mercado inmobiliario.
- Bancos y aseguradoras en situación crítica.
- Necesidad urgente de rescates públicos.

El virus financiero ya se había extendido por toda la sociedad: hipotecas impagadas, ahorros amenazados y bancos al borde de la quiebra.

El rescate: ¿cómo se salva un sistema entero?

Cuando una banca colapsa, el Estado tiene que intervenir porque lo que está en juego es la economía misma, los ahorros y la estabilidad social. Las medidas fueron:

- Nacionalizaciones.
- Fusiones forzosas.
- Inyecciones de capital.
- Emisión masiva de deuda pública.
- Dinero recién impreso por los bancos centrales.
- Compra de activos tóxicos.
- Subidas de impuestos.
- Recortes del gasto público.

Cinco países —los llamados PIIGS[6]— sufrieron especialmente: Portugal, Irlanda, Grecia, Italia y España.

Grecia estuvo a horas de quebrar. España tuvo que solicitar una línea de crédito europea de 200 000 millones. A cambio, Alemania exigió disciplina fiscal. Y eso obligó a **reformar la Constitución española en una sola tarde**: el artículo 135, que establece que el pago de la deuda se prioriza sobre cualquier otro gasto. Susto o muerte.

En Europa, Mario Draghi pronunció la frase que sostuvo el sistema: «**Haremos lo que haga falta. Y créanme, será suficiente**». Literalmente dijo: *Whatever it takes*. Con dos pares. Con eso frenó a los especuladores bajistas y evitó un colapso total. Me recordó a los discursos de Churchill ante «la catástrofe más atroz».

Consecuencias: una generación entera sacrificada

Los jóvenes se convirtieron en los grandes perdedores. Se les prometió un sistema meritocrático: fórmate, trabaja duro y tendrás una vida mejor. No fue así.

Hoy son la generación más preparada de la historia... y también de las más precarizadas. Vivienda inalcanzable, salarios insuficientes, incertidumbre continua. Pagan la fiesta a la que no fueron invitados.

---

6. PIIGS es un acrónimo que se popularizó durante la crisis de la deuda europea, que se prolongó por espacio de varios años a partir de 2009. PIIGS hacía referencia a los cinco países con debilidad financiera por su elevada deuda y déficit: Portugal, Irlanda, Italia, Grecia y España.

Mientras tanto, otros permanecen polarizados, anestesiados o frustrados. Es el resultado natural de un sistema que les vendió un sueño que no existía.

En todo este contexto, en su fase inicial, yo estaba cursando mi máster de Mercados Financieros y poniendo en marcha mi proyecto de consejo patrimonial. Mis amigos y compañeros atravesaban una situación de incertidumbre extrema. Muchos vieron desaparecer su patrimonio justo cuando más lo necesitaban, al final de sus carreras. Perdieron la oportunidad de construir ese «día después» que habían imaginado durante años.

Era duro verlos así, pero era exactamente lo que les estaba ocurriendo a todas las familias de España, solo que con diferentes cifras.

Aun así, salimos adelante.

Tomamos decisiones difíciles, muchas veces condicionadas por factores externos, y logramos que nuestra gente saliera de aquella niebla más fuerte de lo que entró.

La crisis fue devastadora, pero también una lección magistral:

- Piensa por ti mismo.
- Entiende tus condiciones.
- Protege tu patrimonio.
- No sigas las narrativas oficiales sin cuestionarlas.
- Y recuerda que la estabilidad no es un derecho, sino una responsabilidad a trabajar.

Fue el peor momento... y, a la vez, el mejor momento para crear algo nuevo.

Después de la tormenta

La gran crisis financiera de 2008 no fue solo un episodio económico; fue un punto de inflexión histórico que reveló la fragilidad del sistema global y la vulnerabilidad de economías periféricas como la española. El estallido de la burbuja inmobiliaria, que durante años se alimentó de crédito barato y expectativas irreales, dejó un paisaje desolador: millones de desempleados, empresas quebradas, hipotecas imposibles y un Estado endeudado hasta niveles inéditos.

Más de una década después, la narrativa oficial habla de recuperación, de estabilidad y de crecimiento sostenido. Es cierto que el PIB ha registrado un crecimiento continuado en los últimos años. Sin embargo, bajo esa superficie pulida persisten tensiones estructurales que no se han resuelto, sino que simplemente se han maquillado. La deuda pública española supera el 100 % del PIB; la dependencia del Banco Central Europeo[7] para sostener la financiación es absoluta; y la economía española sigue siendo vulnerable a cualquier *shock* externo, desde una subida de tipos de interés hasta una crisis energética global. Por no hablar de los efectos inflacionarios,

---

7. Banco de España. (2025). Deuda de las Administraciones Públicas según el Protocolo de Déficit Excesivo. Recuperado de www.bde.es

la pérdida de valor de las monedas (*fiat*)[8] y, sobre todo, la falta de acceso a vivienda por parte de los jóvenes. En medio de este escenario, desde Ariete WM hicimos lo que nos caracteriza: espíritu crítico, pensamiento propio y decisiones adaptadas a la realidad del momento.

El primer objetivo cuando llueve es simple: no mojarnos. O, al menos, mojarnos lo mínimo.

Mientras otros se hundían en la tormenta, la estrategia fue clara: proteger el patrimonio, diversificar y planificar según los objetivos de cada persona. Y fue esa prudencia la que nos permitió no solo resistir, sino aprovechar oportunidades en momentos de pánico, cuando estas surgían.

La clave reside en entender que **las crisis no son anomalías, sino parte del ciclo.** Asumimos que el sistema financiero global está diseñado para transferir riqueza en cada sacudida: del ciudadano al gran capital, del ahorro privado al rescate público. Por eso, la respuesta no fue esperar a que «todo volviera a la normalidad», sino construir un modelo flexible, capaz de operar en entornos volátiles y de anticipar movimientos que otros solo ven cuando ya es tarde.

---

8. Una moneda *fiat*, como el euro, es dinero sin respaldo en un bien físico (oro, plata, etc.) que tiene valor porque el Estado lo decreta y la sociedad confía en él. En el caso del euro, su emisión y control dependen del Banco Central Europeo, no de una reserva material que lo respalde.

Trascendencia económica: el tablero y sus reglas

La crisis demostró que la economía global no es un sistema neutral, sino un tablero donde las reglas se reescriben según intereses dominantes. Bancos centrales inyectaron billones, se socializaron pérdidas y se privatizaron beneficios. El resultado: más concentración de poder financiero, más dependencia de la deuda y una divisa —el euro— que, lejos de ser un escudo, se convirtió en una camisa de fuerza para países periféricos.

España, como Grecia, Irlanda, Italia o Portugal, descubrió que la soberanía monetaria era una ilusión. Sin poder para devaluar su moneda, quedó atrapada en políticas dictadas desde Bruselas y Fráncfort, con ajustes que castigaron a la población mientras se blindaba el sistema bancario. Presentada como virtud, la austeridad fue un dogma que frenó la inversión, destruyó el tejido productivo y agravó la desigualdad.

De ahí surgen mis tres críticas clásicas y recurrentes, que atraviesan toda esta experiencia: deuda, divisa y manipulación:

* **La deuda como dogma**: nos venden la austeridad como virtud, pero la deuda se perpetúa como mecanismo de control. Cada crisis aumenta la dependencia del Estado respecto a los mercados y las instituciones supranacionales. Debemos pendular el nivel de deuda a la par del momento económico o, ante crisis, no tendremos capacidad de gasto para ayudar a salir de dichas crisis.
* **Divisa perdiendo valor**: el euro no compra lo que antes

compraba. Esto es así. Y activos como el oro nos lo demuestran con sus revalorizaciones tan altas en los últimos años.

- **Manipulación de las crisis:** cada colapso se convierte en oportunidad para reforzar el *statu quo* de los dueños del sistema. Se rescatan bancos, no personas. Se protege el sistema, no la sociedad. Las crisis no son accidentes: son herramientas para redistribuir poder y riqueza hacia arriba.

¿Hemos aprendido algo?

Si, como hemos avanzado, la narrativa oficial dice que se ha superado la tormenta, la pregunta incómoda persiste: ¿hemos aprendido algo o simplemente hemos maquillado el mismo modelo que nos llevó al abismo? La economía sigue apoyada en pilares frágiles: servicios relacionados con el turismo, construcción y consumo interno. La digitalización, la transición energética y la aparición de la IA son retos, pero también excusas para nuevas burbujas especulativas.

Conscientes de esta realidad, no bajemos la guardia. La estrategia sigue siendo la misma: criterio, diversificar y proteger. Porque si algo nos enseñó la gran crisis es que el sistema no está diseñado para garantizar estabilidad, sino para generar ciclos de acumulación y transferencia. Y en ese tablero, solo sobreviven quienes entienden que la partida nunca termina.

La historia se repite y se repetirá, pero con diferentes palabras

Es importante saber de dónde venimos para entender dónde estamos y hacia dónde vamos. En mi caso, ese ejercicio de mirada atrás tiene un punto de inflexión muy claro: la etapa de formación reglada y la gran crisis financiera coincidieron en el tiempo, y ahí se produjo el clic mental.

Como ya he contado, mientras estallaba la gran crisis financiera con la quiebra de Lehman Brothers en septiembre de 2008, yo iniciaba un máster de altísimo nivel en Mercados Financieros en la International Business School de la UPF de Barcelona. El programa cumplió sobradamente mis expectativas: compañeros con experiencia real y posiciones activas en el mercado, docentes con trayectoria profesional contrastada y un temario verdaderamente 360º, pensado para ofrecer una visión integral del sistema económico y financiero.

Al mismo tiempo, no obstante, empecé a detectar los defectos del sistema. Eran defectos profundamente incrustados en la forma de operar, que inevitablemente estaban asimilados por las personas que lo componían. Algunas de estas personas eran incluso mis propios compañeros. Y lo entiendo: eran personas viviendo momentos de enorme incertidumbre, miedo y riesgo laboral. Cuando el suelo tiembla, cada uno se agarra a lo que puede.

Aun así, vi cosas. Escuché cosas. Aprendí cosas. Y todas apuntaban a lo mismo: el sistema, además de estar agonizando, **no era sólido ni justo con las personas que lo sostenían.**

Ahí descubrí lo que acabaría siendo una ventaja decisiva: yo venía de fuera. De otro mundo. De otra cultura profesional. Esta distancia me permitía mirar con mayor frescura y espíritu crítico. No estaba contaminado por los vicios del propio sector. Era, en esencia, un *outsider*. Y desde esa posición todo se ve mejor y más claro. Lo bueno… y lo tóxico.

Conviene decirlo: desde entonces la regulación ha mejorado mucho. Los reguladores han hecho un gran trabajo dotando al sistema de más controles, más seguridad y mayor protección para ahorradores y ciudadanos. Ese avance es innegable.

Pero centrémonos en el máster.

Lo primero que me llamó la atención fue comprobar que **las teorías clásicas de medición y protección del riesgo no estaban funcionando.** Los indicadores diseñados para acotar pérdidas y medir la volatilidad solo servían cuando todo iba bien. Pues vaya. Primer *fail* evidente: ¿para qué quiero herramientas que se derriten justo cuando más las necesito?

El ser humano siempre busca justificarlo todo. Necesita un «porqué» *a posteriori*. Busca causalidades, relatos que den sentido al caos. Y en ese intento **retuerce el análisis hasta hacerlo encajar con la narrativa del día.** Aunque sea a martillazos.

Un ejemplo simple lo ilustra bien: un viernes la bolsa cae un 3 % y el dato del día en Estados Unidos es malo: baja el empleo.

Titular posible: «Los inversores recogen beneficios ante el mal dato de empleo».

Pero si ese mismo día la bolsa sube un 3 % con el mismo dato, entonces...

Nuevo titular: «Los mercados celebran el mal dato anticipando bajadas de tipos».

¿De locos? Sí. ¿Real? También. Y no solo en prensa: analistas, economistas, *traders*... soldados útiles del sistema. Mucho conocimiento, poca sabiduría.

¿Y qué hacer cuando pasa eso?

- Tener consciencia y espíritu crítico.
- Buscar todas las fuentes.
- Ver el pasado.
- Anticipar escenarios futuros.
- Evaluar ciclos económicos, sentimiento del mercado, política monetaria, indicadores adelantados y retrasados...
- No dar juicios absolutos.
- Mantener la hoja de ruta salvo evento contundente.
- Navegar entre tiburones ajustando las velas.
- Mantener una hoja de ruta clara.

Sin bola de cristal. Sin la verdad absoluta. Siendo humano para poder errar, pero consciente del método de análisis y toma de decisiones.

Hubo, además, otra situación, quizá fruto de los tiempos extraordinarios que vivíamos, que me impactó especialmente durante el curso: **la desconexión humana dentro del sistema financiero.**

Con demasiada frecuencia no se veía a la persona detrás

de cada operación, sino únicamente números, curvas y gráficos que parecían absorberlo todo.

Recuerdo un caso muy ilustrativo. Un director de oficina —no de los buenos, sino de los que representan otra forma de hacer— se quejaba de que un señor mayor le reclamaba porque su inversión había empezado a caer. Se la habían presentado así: «Es como un depósito, pero mejor».

La manera en que hablaba de él, desde una especie de fastidio distante, me dejó mal cuerpo. Podía tener argumentos técnicos, sí, pero **lo humano debería estar siempre en el centro**, más aún en una actividad que gestiona ahorros, patrimonio y, en muchos casos, el trabajo de toda una vida.

Las famosas «preferentes» fueron quizás el ejemplo más claro de esa deriva: instrumentos diseñados para tapar agujeros contables, ofrecidos como seguros cuando en realidad implicaban un riesgo. Cuando llegó el rescate europeo, aquellos productos se dejaron caer. Pasaron a valer cero. Muchas personas terminaron pagando con su capital o con su vida, literalmente. Pero tengo dudas de que el sistema y sus componentes hayan aprendido la lección. Serias dudas.

Por suerte —como dije antes— la regulación ha mejorado muchísimo. Hay más controles, más transparencia, más exigencia. Pero el sistema financiero, aún hoy, sigue estando lejos del humanismo que propone un verdadero Capital Trascendente.

Un sistema quebrado

Vivimos en un sistema que, aunque no haya colapsado formalmente, **está quebrado en lo esencial.** Y no hablo solo de la dimensión económica, aunque los retos que afrontamos como sociedad ya son, por sí solos, alarmantes. Me refiero a algo más profundo: el sistema ha demostrado que no sirve para lo que debería servir. Pese a ser la mejor fórmula de convivencia que hemos logrado hasta ahora, **el sistema no responde a las necesidades reales del ser humano del siglo xxi.**

Las personas no estamos en el centro. Nuestras necesidades no se atienden. No se nos ofrece un marco sano de desarrollo, convivencia y equilibrio vital. En lugar de enseñarnos, nos orienta —o directamente nos empuja— hacia un rol muy concreto: el de tontos útiles del sistema. Corderos.

Un modelo donde prima la ultraproductividad, el estrés, la desconexión con el propio trabajo, la persecución de ideales inalcanzables, el consumismo constante, la superficialidad dirigida, la falta de respeto por las ideas diferentes a las nuestras y, sobre todo, **la anulación del espíritu crítico.** Un sistema que prefiere autómatas y no ciudadanos conscientes.

Un lugar donde manda lo individual, el ego, lo rápido y lo inmediatamente placentero. La superficialidad. Donde no hay bien común ni sostenibilidad —ni del planeta ni de las personas—. Sin espíritu. Sin creencias. Sin preguntas. Sin respuestas. Un lugar oscuro que solo podemos iluminar desde nuestro interior. Un paisaje que solo puede iluminarse desde la consciencia individual.

Por eso proliferan, cual epidemia, la ansiedad, la depresión y el vacío existencial en las sociedades «desarrolladas». **Porque este sistema, tal y como está construido, no sostiene el alma humana.**

—Venga, encerrémonos en una plaza y hagamos huelga de hambre.

—¡Revolución!

—¡Barricadas!

—Quememos centros comerciales y supermercados, que algo habrá que quemar...

—No, querido. Eso es solo ruido y más clichés. **Pensad por vosotros mismos. No seáis títeres.**

El sistema no lo vamos a cambiar. Es así. Hay que tener la humildad —y la madurez— de aceptar cuanto antes que este mastodonte global lleva demasiadas décadas perfeccionándose como para que un puñado de inconformistas lo derriben desde fuera. Esa guerra está perdida. Y, peor aún, nos robaría la energía y la vida que queremos aprovechar.

El Capital Trascendente propone otro enfoque: personal, profundo, radical en decisiones... pero operando desde dentro del sistema. Como un *hacker*. No obedeciendo lo dictado por la narrativa dominante, sino actuando conforme a lo que uno entiende que necesita para vivir una vida plena, consciente y libre.

Si somos capaces de hacerlo, corregiremos el significado de nuestras vidas. Y, por extensión, generaremos un efecto positivo en quienes nos rodean. Pero esto exige valentía. Exige decisión. No es para todos.

Pensar por uno mismo y tomar decisiones propias produce vértigo. Pero, a medio y largo plazo, es la única forma sensata de vivir en este mundo.

Y si somos suficientes, quizás el sistema se vea obligado a adaptarse, aunque sea mínimamente, a nuestras acciones. No olvidemos algo esencial: el sistema parece todopoderoso, sí, pero nos necesita:

- Necesita que consumamos cada año un poco más.
- Necesita que compremos sus narrativas y sus polarizaciones.
- Necesita tontos útiles para llenar sus estamentos.
- Necesita corderos que mantengan vivo el estilo de vida que él mismo ha impuesto.

Nos necesita. Y si faltamos, lo notará.

Por eso, lo realmente importante es que no tome decisiones por nosotros. Que recuperemos las riendas de nuestras vidas, nuestras prioridades y nuestros objetivos.

***Debemos elegir cómo queremos vivir
y cómo queremos trascender en esta vida.***

¿Más... para qué?

Una vez, en una comida distendida con amigos del mundo de la empresa, surgió una conversación que me marcó más de lo que imaginé. Nada formal, nada estratégico. Una sobremesa cualquiera, de esas en las que el diálogo fluye sin guion. Y, sin esperarlo, surgió una lección que me acompañaría por siempre.

Hablábamos del futuro de la empresa con una amiga mía, Marta. Venía con una energía contagiosa: carácter, fuerza, disciplina, motivación. Ese entusiasmo puro que a veces se agradece y otras obliga a aterrizar ideas antes de que despeguen demasiado.

Nos contaba, casi sin respirar, que quería pedir al equipo el 200 %. Que había que crecer, que había que escalar, que había que llegar al número uno del sector. Yo, cuando escucho eso del 200 %, siempre siento un pequeño cosquilleo de incomodidad. No porque no valore la ambición, sino porque esa cifra no existe. Es una ficción peligrosa cuando se convierte en norma.

Siempre he creído otra cosa: trabajar, de media, al 90 % de intensidad. Y que, cuando haya días que exijan el 100 % o más —ese plus extra que te obliga a apretar los dientes—, se dé ese extra. Pero luego volver a un estado que considero como óptimo, creativo y productivo: ritmo alto, pero sostenible; compromiso firme, pero sin quemar la creatividad ni la innovación bajo una montaña de tareas.

Mientras Marta seguía con su discurso de ser los primeros, de crecer por crecer, otro amigo intervino: Ecequiel.

Inciso necesario.

A Ecequiel (Barricart) lo conocí en 2016, en una etapa en la que buscaba mejorar mi forma de comunicar. Yo tenía una filosofía y un método muy claros —el trascendente—, pero dudaba sobre cómo transmitirlos y con qué lenguaje. Lo conocí, como suele pasar con las cosas importantes, a través de los libros. Uno suyo cayó en mis manos de la manera más fortuita: *Tú eres Dios y tu marca personal, tu religión.* Cuando lo leí me quedé impactado. No solo por el contenido, que encajaba como un anillo perfecto en mi dedo, sino por la claridad, la creatividad, la visión lateral y la originalidad brutal de sus ideas.

Le escribí un correo electrónico. Me planté en Pamplona, conocí su empresa, YOU MEDIA, a su equipo —maravilloso—, a su familia y amigos. Montamos en bici, hablamos del tao y, desde ese día, se convirtió en familia: hermano, gurú personal y el responsable de transformar toda nuestra comunicación como director creativo de Ariete. Nunca podré agradecerle todo lo que me dio y nos ha dado. Ariete y Gate también son parte de su genialidad.

Cierro inciso.

Así que Ecequiel, en línea de su talento sencillo, le hizo una pregunta a Marta. Tan demoledora como simple:
—¿Y crecer más… para qué?
Boom. Las preguntas, cuando son buenas, detienen el mundo.

Marta se quedó en silencio. No entendía cómo alguien podía cuestionar el acto casi sagrado de crecer. Su mentalidad estaba atrapada en esa narrativa tan extendida que equipara crecimiento con éxito, y éxito con obligación permanente.

—Pues... crecer porque podemos. Crecer porque hay que ser mejores cada año. Porque debemos ser número uno —respondió, casi ofendida.

Ecequiel volvió a preguntar:

—¿Pero para qué?

Y ahí empezó a desgranarlo. Le pidió que fuera más allá del eslogan. Que le hablara de misión, de propósito. Que le explicara cómo pretendía convencer a un equipo entero de seguirla en esa cruzada, de asumir sacrificios, de poner piel y tiempo. ¿Para qué? ¿Qué sentido final había detrás de la presión por crecer?

Maestro. De esos que enseñan sin imponer.

Lo que quería Ecequiel no era atacar su ambición, sino elevarla. Le pedía que hiciera un ejercicio de consciencia personal, primero, y empresarial, después. Que se preguntara qué lugar ocupaba en la vida, qué quería aportar y por qué. Porque crecer no es una obligación, es una consecuencia. Y cuando se convierte en un objetivo vacío, te devora cual tigre.

Ecequiel puso un ejemplo sencillo, casi infantil, pero tremendamente poderoso:

—¿Queremos tener nuestra tienda donde vender nuestros diseños de ropa o crear una cadena de ropa *fast fashion*?

Ninguna opción es mejor que la otra. Todo depende de quién quieres ser y por qué. Qué historia quieres contar. Qué impacto quieres dejar. Qué ritmo de vida estás dispuesto a sostener. Qué precio estás dispuesto a pagar.

Y eso era lo que intentaba despertar en Marta: que se adentrara en esa zona de incomodidad en la que las respuestas automáticas dejan de servir, y aparecen las verdaderas.

Yo mismo he pasado por ese ejercicio.

En Ariete decidimos dar un salto de crecimiento en 2020, justo después del COVID. Estábamos cerca de nuestro volumen máximo de clientes asumibles con la calidad que empleamos, pero era un momento en el que nuestro método —Wealth Vida Planning— era más necesario que nunca. Había demasiada gente con dudas, con niebla en su vida, buscando respuestas. Y para eso creé Ariete: para ayudar precisamente cuando el sistema tiembla y las personas necesitan un faro.

Crecimos, sí. Pero el crecimiento fue consecuencia del propósito, nunca el fin. Y lo hicimos con una condición clarísima, consensuada por toda la empresa: ayudar a más personas, sí, pero sin renunciar a nuestros valores, a nuestra manera de hacer las cosas, a nuestro espíritu. **Si crecer implicaba traicionar eso, entonces simplemente no nos interesaba.**

Creo que la esencia se mantuvo y se mantiene.

Marta también lo entendió. Se quedó pensativa, digiriendo cada frase como quien mueve piezas internas hasta que encajan en un lugar nuevo. Y entonces, casi sin esperarlo,

Ecequiel añadió otra sentencia de las suyas, sencilla y devastadora:

—Es que si por crecer un poco más, o ganar un poco más, tengo que dejar de andar en bici y pasarme las noches fuera de casa sin ver a mi familia... pues igual no me renta. Sabio. De verdad.

Ese era su análisis. El suyo. El suyo propio. Basado en su estructura de valores y su forma de vivir. El de Marta será otro. El tuyo también. El mío lo es. No hay recetas universales. Lo único imprescindible es que la decisión nazca de un ejercicio de consciencia real, no de la repetición inconsciente de un mantra del sistema.

Y aquí va la conclusión que aprendí ese día, y que he visto repetirse una y otra vez en empresarios exitosos, atletas de élite y personas que viven con intención:

No crezcas por crecer. Crece si tiene sentido.
Crece si te acerca a la vida que quieres vivir.
Crece si mejora tu impacto, no si devora tu alma.

PARTE 2
El monje y el guerrero

4. Verdades trascendentes del capital

Este capítulo no va de teorías económicas ni de grandes consignas, sino de entender por qué, pese a trabajar más, formarnos más y producir más que nunca, sentimos que cada año llegamos más justos. Hablaré de la «maquinita» que imprime dinero y reparte pobreza de forma silenciosa; de un sistema educativo que ha cambiado la mayéutica por la titulitis; de la necesidad de recuperar el sentido del trabajo para que no nos devore; de por qué la vivienda parece inalcanzable cuando, en realidad, es nuestra moneda la que se debilita; de un PIB que celebra mientras las personas retroceden; y de un sistema de pensiones que promete seguridad sin tener los cimientos para sostenerla. No para generar miedo, sino para poner luz. Porque solo cuando entiendes el tablero puedes dejar de jugar a ciegas y empezar a decidir por ti mismo.

La maquinita de imprimir billetes

El juego de la bolita, mientras nos hacen
cada vez más pobres

En 2008 se puso en marcha un ciclo de expansión monetaria sin precedentes, con consecuencias profundas para toda
la población. Ese proceso alcanzó su punto máximo con las
medidas adoptadas durante la pandemia global de 2020,
cuando los bancos centrales aceleraron aún más la creación
de dinero para sostener el sistema.

No fue hasta junio de 2022 cuando se intentó un giro
desde ese ciclo expansivo hacia uno contractivo. Incluso entonces, aplicarlo resultó extremadamente difícil sin provocar
tensiones económicas y sociales. Para entonces, el daño ya
estaba hecho: la cantidad de dinero en circulación se había
multiplicado hasta por nueve veces en su punto máximo.

Y, sin embargo, hoy el ciudadano medio sigue creyendo
que el problema es que «todo sube», en gran parte por información sesgada y relatos interesados. No es exactamente
así. Lo que pasa es que cae la capacidad de compra de tus
euros, su valor.

La base monetaria del euro —el dinero en circulación—
se ha multiplicado en estos años con una facilidad asom-
brosa. Ante cada crisis, cada tensión política o cada dificul-
tad financiera, la respuesta ha sido prácticamente la misma:
imprimir más dinero y aumentar el gasto. Mientras tanto,
la economía real avanzaba con lentitud… y los salarios, aún

más despacio. Sin embargo, la cantidad de euros —igual que la de dólares, libras o yenes— creció sin freno.

Esa diferencia ha tenido una consecuencia directa: la destrucción del poder adquisitivo de cualquiera que dependa de un salario o que ahorre en moneda. Es decir, de la mayoría de la población. No es un fallo personal ni una mala gestión individual; es el resultado lógico de un sistema que crea dinero mucho más rápido de lo que crea riqueza real.

Déjame ponerte un ejemplo

Imaginemos una economía extremadamente sencilla. Un pequeño país compuesto por cinco personas. Nada más. Cada día sucede lo siguiente: cada persona recibe un euro, y en el mercado aparecen cinco naranjas. No hay acumulación, ni ahorro, ni crédito. Lo que se produce y se cobra ocurre en el mismo día.

La fotografía es clara:

- Población: cinco personas.
- Riqueza real: cinco naranjas.
- Dinero en circulación: cinco euros.

Si cada persona necesita una naranja diaria para vivir, el precio lógico de equilibrio es evidente: un euro por naranja. Todos acceden al bien que necesitan. El sistema funciona.

Ahora introduzcamos un cambio.

Un día, alguien (un banco central emisor de moneda) decide que cada persona reciba dos euros en lugar de uno (se pone a imprimir más moneda en circulación). De pronto, la cantidad de dinero disponible pasa de cinco a diez euros. ¿Ha cambiado algo más? No. No hay más naranjas. No hay más árboles. No hay más trabajo ni más producción. La riqueza real del país sigue siendo exactamente la misma: cinco naranjas diarias.

¿Qué ocurre entonces? Lo previsible es que el nuevo precio de equilibrio pase a ser dos euros por naranja. El resultado final: cada persona sigue consumiendo una sola naranja. La riqueza diaria del país no ha aumentado ni un milímetro. La única diferencia es que ahora se necesita el doble de dinero para comprar lo mismo.

La naranja no vale más. Sigue siendo una naranja.

Lo que ha cambiado no es el valor, sino el precio, porque hay más dinero persiguiendo la misma cantidad de bienes. Y esa diferencia es la esencia de lo que llamamos inflación por causa de impresión de moneda.

La inflación no es, como pueda creerse, que las cosas «se vuelvan más valiosas». Es que el dinero pierde poder adquisitivo cuando se multiplica sin que aumente la riqueza real que lo respalda. No se ha creado prosperidad. Solo una ilusión de riqueza, que se manifiesta en cifras más grandes. Este fenómeno se entiende aún mejor si observamos la evolución del oro, la referencia de valor más antigua —y que permanece— que ha conocido la humanidad. En 2008 una onza rondaba los 700 dólares. En el momento de escribir este libro, supera los 5000 $/onza por primera vez.[9] No es, digamos, una revalorización nimia: ¡es un salto de más del 600 %! El oro no «se ha disparado» por capricho. Lo que ha ocurrido es que las monedas *fiat* —entre las cuales está el euro— han diluido su valor real por una expansión monetaria masiva y sostenida alrededor de quince años.

Cuando un activo multiplica su precio por siete, el mensaje es claro: el oro cambia de precio pero no de valor, es la moneda en la que lo medimos la que está perdiendo mucho valor. No es el metal el que sube; es nuestra divisa la que pierde valor de forma acelerada. Y esa pérdida silenciosa explica por qué cada vez cuesta más mantener el nivel de vida, ahorrar con sentido o conservar poder adquisitivo año tras año.

La expansión monetaria no es una anécdota. Es un método de financiación del propio sistema. Cuando un Estado gasta más de lo que ingresa, tiene tres opciones: recortar gastos, incrementar ingresos o endeudarse. Recortar es impopular y penaliza a quien gobierna. Por tanto, el camino habitual acaba siendo la deuda. Y cuando nadie quiere comprar esa deuda en condiciones razonables, aparece el banco central, que la adquiere con dinero recién creado. Ese dinero entra en la economía sin respaldo de riqueza nueva y diluye el valor del dinero existente.

Quien está cerca del grifo recibe el agua limpia. Gobiernos, grandes corporaciones y bancos reciben el dinero recién

9. Price, G. (s. f.). *Gold Price per Ounce*. Gold Price. https://goldprice.org/gold-price.html

emitido, antes de que se devalúe. El ciudadano lo recibe el último, cuando ya vale menos. Es el efecto Cantillon.[10] Y ayuda a explicar por qué los activos suben mucho mientras los salarios apenas avanzan; por qué la polarización económica se intensifica; por qué la clase media se vacía de manera silenciosa.

Esto afecta también a la estabilidad de los países. Más dinero implica más deuda, y más deuda implica más fragilidad. Los bancos centrales ya han reconocido pérdidas por las operaciones de estímulo de la última década. Los gobiernos siguen gastando, siguen subiendo impuestos y siguen emitiendo más deuda. El margen se estrecha. Y aunque nadie sabe exactamente hasta dónde puede estirarse este modelo, todos sabemos que no es eterno.

Desconocemos el desenlace. Podría ser inflación persistente, crisis de deuda, reformas monetarias o ajustes drásticos del sistema. No hay bola de cristal. Lo que sí sabemos es que vivir desatentos en un entorno así es un error grave. La economía ya no se comporta como antes. Y quien no se dé

---

10. El efecto Cantillon describe la idea, formulada por el economista franco-irlandés Richard Cantillon, de que las políticas de expansión monetaria no afectan a toda la economía por igual. Cuando se crea dinero nuevo, este no llega de forma simultánea ni uniforme a toda la población: quienes lo reciben primero —normalmente los agentes más próximos al sistema financiero y al Estado— pueden gastarlo o invertirlo antes de que los precios se ajusten. En cambio, quienes lo reciben más tarde lo hacen cuando los precios ya han subido, con lo que su poder adquisitivo se reduce. En conjunto, este proceso implica una transferencia de riqueza desde el conjunto de la población hacia quienes están más cerca del «punto de entrada» del dinero recién creado.

cuenta a tiempo quedará atrapado en una dinámica diseñada para que pierda poder adquisitivo sin protestar.

Aquí entra en acción la trascendencia económica. Pensar por uno mismo. Observar los datos, no el relato. Cuestionar la versión oficial. Mirar la realidad con patrones de valor reales. Porque si mides tu vida en euros, estás midiendo con una regla que se encoge cada día. Y si actúas como si nada hubiera cambiado, seguirás comiendo un trozo de tarta cada vez más pequeño mientras te repiten que «todo va bien».

La solución no es desesperarse ni buscar culpables, sino entender el mecanismo y posicionarse. La emisión monetaria seguirá o no, pero la ingente deuda mundial ya está creada. Los gobiernos seguirán gastando. Nada de eso depende de ti. Lo que sí depende de ti es decidir si quieres seguir siendo un consumidor pasivo de una moneda que pierde valor o alguien que protege su capital con criterio y consciencia.

La trascendencia económica empieza con una idea sencilla: mirar la realidad tal como es, no como la narran. Y, a partir de ahí, actuar. Porque, cuando entiendes el sistema, puedes navegarlo. Y cuando lo navegas, dejas de ser cordero. Ahí empieza la libertad financiera real. Y, sobre todo, ahí empieza tu independencia vital en un mundo que cada año aprieta un poco más.

Es nuestra forma de luchar contra el sistema.

La educación: de la mayéutica a la titulitis

¿Qué son hoy en día las universidades, los centros de primaria o los colegios infantiles? Una sombra oscura de lo que fueron.

Todo lo que se pone en manos de *establishment* tiende a corromperse. Da igual si dentro hay buenas o malas personas. Buenos o malos profesionales. Docentes vocacionales o funcionarios del mínimo esfuerzo. Quiero creer, de hecho, que hay muchos docentes a quienes sí les encanta su trabajo y lo tienen como un sueño cumplido y como una misión vital. Conozco varios. Y sé que lo tienen difícil.

Porque el marco, el contexto en el que se mueven, está organizado para llevar a cabo, de una forma quirúrgica, un objetivo muy claro: crear más corderos productivos para la sociedad. No personas integrales. No perfiles con humanidades, pensamiento propio y capacidad de análisis. No ciudadanos capaces de enfrentarse a un problema, equivocarse, levantarse, argumentar, disentir con respeto y pensar con profundidad.

Capaces de trasformar ese conocimiento en algo más. Capaces de pensar. De analizar. De enfrentarse a problemas y elegir una solución. Capaces de fallar y levantarse. Capaces de analizar una situación o formación y plantear oposición de manera crítica. Eso debería ser el corazón del sistema educativo. Pero no lo es. Aunque escueza decirlo.

La universidad, por ejemplo, fue durante mucho tiempo un lugar de culto, de pensamiento crítico, discusión y construcción de ideas. Hoy, lamentablemente, queda poco de esa esencia. Y repito, esto está por encima de docentes que sí quieren, que se apasionan, que sufren la situación. No podemos cambiar los formatos y planes de estudio según quien esté al mando de la consejería política. No puede ser. Sabiendo que estamos jugando con el futuro de nuestra sociedad, de los chicos que vienen.

Y, nuevamente, ¿qué les interesa a las élites? Corderos, títeres, marionetas convencidas de que son libres y cultas porque acumulan titulitis. Personas que, al salir de la universidad bien entrada la veintena, no tengan espíritu crítico, ni capacidad real para aplicar lo estudiado, ni un camino vital decidido desde la consciencia. Pensar por uno mismo. Disentir desde el respeto. Desarrollar algo de sabiduría. Eso, precisamente, es lo que no se fomenta.

Estar llenos de conocimiento —que, por otro lado, es inabarcable y perenne— no sirve para mucho si no se tiene la sabiduría para aplicarlo.

Yo he sufrido de todo también en el ámbito educativo: profesores que querían hacer su trabajo, otros que venían a cumplir el expediente y alguno apasionado. A estos últimos aún los recuerdo. Qué forma de dejar huella.

Por ejemplo, de sexto a octavo de EGB (entre los doce y los catorce años) tuve un profesor en mi colegio, *El Tibidabo* de Prosperidad (Barcelona), que tuvo un impacto real en mí. Se llamaba Jesús. Nos enseñaba física, química y, además, era nuestro tutor. Pero, en lugar de llegar con el libro, el discurso y la consigna de copiar sin pensar —rompiéndote la mano y el bolígrafo—, utilizaba una técnica que más tarde identifiqué y que dio sentido a todo: la mayéutica.

La mayéutica, en su sentido estricto, es el arte de las matronas para asistir al alumbramiento o nacimiento de una madre y su hijo, actuando, participando y facilitando el proceso. Sócrates adaptó ese concepto a la enseñanza, dando lugar a lo que hoy conocemos como el método socrático.

Me imagino a todos los alumnos sentados en un jardín. Sócrates plantea un tema e inicia una clase no basada en el discurso, sino en la pregunta y respuesta. Mediante unas preguntas guiadas, intenta que el alumno sea capaz de llegar por sí mismo a una respuesta simplemente activando las palancas internas del conocimiento que ya posee: la sabiduría acumulada en ese momento e incluso una gran olvidada, la intuición.

Fui un afortunado. Don Jesús nos enseñó muchas cosas con ese sistema. Cuando eres tú quien llega a la solución, ese tema no se te olvida en la vida. Sí, don Jesús era un apasionado. No en vano, la clase no tenía faltas de asistencia, era divertida, aprendías y tenía un índice de aprobados casi absoluto.

Me enseñó mucho, pero mucho más con su actitud, actos y ejemplo. Gracias.

¿Podrá el sistema educativo «institucional» reevolucionar y volver a su esencia? Ojalá, pero tengo serias dudas.

Por eso debemos hacer nuestro trabajo propio. Formarnos por la vía institucional, pero también por la autodidacta y desde un pensamiento lateral que nos aleje del camino único que impera. Beber de fuentes que no estén en el circuito de la masa y, sobre todo, cultivar un espíritu crítico y analítico ante cualquier situación o suceso, para tomar nuestras posiciones de forma consciente.

Objetivo: disfrutar del trabajo

Disfrutar de tu trabajo, de tu aportación a la sociedad y de cómo lo interiorizas es, creo, uno de los puntos clave en la consecución de la trascendencia. Es algo nuclear para construir una vida plena y con significado.

No es un tema de empresario o empleado. Es un tema de realización. Todos trabajan. Te lo aseguro. La diferencia está en cómo y con qué talante se hace. ¿Suma o resta?

No podemos fiar nuestra «felicidad» a tener el trabajo de nuestros sueños —que, además, fácilmente puede convertirse en una pesadilla—, ni al no trabajar, ni a trabajar menos horas por ley.

¡Pero si se trata justo de lo contrario! Se trata de que las horas de trabajo tengan un significado en nuestra existencia. No me des menos horas, o sí, pero dame más significado. Más sentido para entregar mi tiempo, mi valor más preciado, a esta causa.

Me niego a quedarme en una versión dicotómica.

No acepto que se me diga, de forma simplista, que si trabajo dos horas menos a la semana seré feliz. Perdón, pero no soy un niño. Sé que eso no es verdad. Ahora bien, claro que hay que buscar equilibrio. Claro que hay que tener una vida conciliada —aunque cada vez que se dice la palabra *conciliar* muere un elfo del norte—. Una vida donde quepa todo de forma no estresante.

Yo no quiero conciliar. Yo quiero tener una vida laboral que se complemente con el resto de mi vida. Pero desde una visión integral. Lo de ocho horas para trabajar, para dormir y para ocio es de escarnio público en la plaza del pueblo. No se trata de eso. Dejemos de ver las partes y veámoslo como un todo.

Eso sí. Un empresario trascendente cuidará de sus empleados. Buscará ese equilibrio. Les recompensará adecuadamente. Creará un entorno para su disfrute y crecimiento personal. Pero también los retará. Les exigirá. Se ha demostrado que no hay mayor felicidad que tener una motivación o propósito diario y salir cada día con ganas y energía a comerse lo que sea tu trabajo y, por ende, la vida. Eso es lo que debemos desear.

Y, al mismo tiempo, también debemos exigirnos nosotros. Disfrutar de lo que hacemos. Crecer. Estar orgullosos de la parte de cambio en la sociedad que ejercemos desde nuestro trabajo.

Por supuesto, existen trabajos estresantes, en malas condiciones, más primarios. Trabajos que a veces realizamos por pura necesidad económica, para sacar adelante a la familia o asegurar nuestro futuro. Lo compro.

Pero seamos conscientes de que ese no es nuestro lugar definitivo y de que, en la medida de lo posible, debemos evolucionar y cambiar a mejor... o no. Lo que decidamos. Y ojo: mejor no significa más dinero, menos horas y teletrabajo en pijama. Mejor significa un trabajo que encaje con la vida que quiero vivir y que aporte trascendencia tanto a mi existencia diaria como a la comunitaria. Si para ti eso se corresponde con limpiar oficinas con amor, ¡me vale!

El objetivo no puede ser solo ganar más y trabajar menos. Vivir puteado de tiempo. Tener la cabeza llena de niebla, ruido y problemas. Ahorrar. Gastar. Gastar en lo que no necesito. ¡Dopamina! Excedencia. Fugarme dos meses a Bali. Emborracharme. Fiesta. Volver. «Mierda de trabajo»... eso no puede ser.

Porque el vacío, la insignificancia y la falta de propósito te acompañan allá donde vayas, incluso al paraíso más idílico, si por dentro no estás bien. Te lo digo por experiencia. Por eso, alineemos nuestra vida de forma integral. Nada de dividirla en horas.

Sea cual sea el trabajo que tengamos, démosle valor. Afrontémoslo con humildad y aprendamos a valorar lo que tenemos, incluso a disfrutarlo en cierta medida. Esto no significa renunciar a la ambición, sino redefinirla: ser ambiciosos por una vida plena y con sentido.

Si el trabajo actual no nos acerca a nuestra misión personal, llegará el momento de cambiarlo, pero con claridad sobre lo que buscamos. De nuevo, no se trata de trabajar menos, ganar más o teletrabajar en pijama (¡por favor!), sino de encontrar un trabajo que nos mueva por dentro, que conecte con lo que somos.

Desde lo más humilde —como limpiar, por ejemplo— hasta lo más sofisticado, nadie puede dictarnos qué es lo mejor. Solo nosotros, **sabiendo cómo queremos vivir, podemos decidir.** Nuestro trabajo es parte esencial de esa cruzada hacia la libertad y la realización de una vida con propósito.

La vivienda no ha subido

Alto y claro: tu dinero vale cada vez menos, y ha llegado el momento de pensar por ti mismo.

Llevamos varios años escuchando el mismo relato: la vivienda está por las nubes, el coste de la vida es insoportable y «todo es cada vez más caro». Nos lo repiten tanto que hemos dejado de cuestionarlo. Pero cuando uno deja de aceptar titulares y mira los datos con la cabeza fría, aparece una historia muy distinta a la oficial.

Los datos de la tasadora inmobiliaria Tinsa[11] son claros: **el precio del metro cuadrado a finales del 2024 en la Comunidad de Madrid, medido en euros, es prácticamente el mismo que a inicios del 2008.** Diecisiete años después, seguimos en el mismo nivel nominal.

---

11. Tinsa by Accumin. (2025, 15 octubre). *Precio vivienda en Comunidad de Madrid | Mapa y gráficas.* Tinsa. https://www.tinsa.es/precio-vivienda/comunidad-madrid.

Evolución del precio de la vivienda en la Comunidad de Madrid

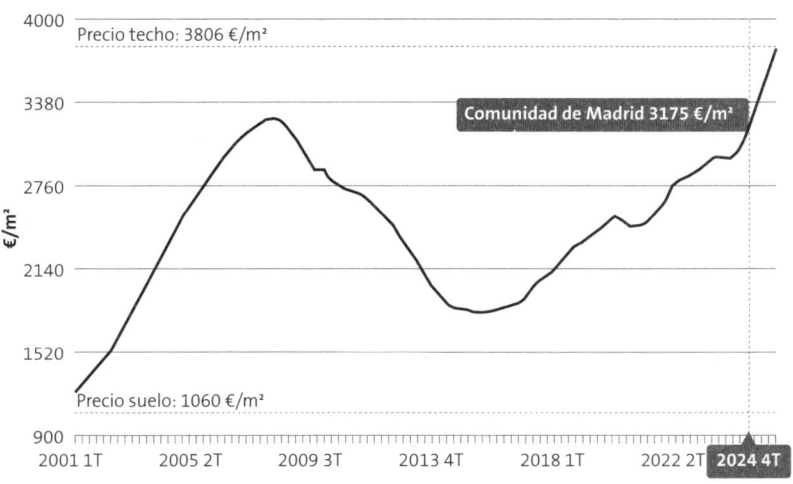

Fuente: Idealista (2026).

La sorpresa llega cuando cambiamos la unidad de medida. Pasemos de medir el metro cuadrado de vivienda de euros a onzas de oro.

- En 2008 se necesitaban 5,47 onzas de oro para comprar 1 m².
- En 2025 solo hacen falta 1,25 onzas traducidas a euros.

Es decir, necesitamos solo una cuarta parte del oro que utilizábamos antes para comprar el mismo piso. ¡La cuarta parte!

Evolución del precio de la vivienda en la Comunidad de Madrid

Año	Precio €/m²	Precio oro €/oz	Onzas/m²	Valor oro m² (€)
2008	3400	622	5,47	3404
2010	2900	1025	2,83	2901
2012	2200	1300	1,69	2197
2015	1900	965	1,97	1900
2018	2500	1290	1,94	2503
2023	3100	1870	1,66	3104
2024	3195	2030	1,56	3167
2025	3675	2950	1,25	3688

Fuente: Tinsa y elaboración propia

Si asumimos que el oro y la vivienda son bienes reales que mantienen su valor —no confundir con precio— y lo medimos en euros, la conclusión es lapidaria: **para comprar «lo mismo», necesitas muchos más euros que antes.** Podríamos decir que el precio de la vivienda «se ha multiplicado», pero la lectura alternativa —y para mí más relevante— es esta: **es el euro el que ha perdido una parte enorme de su poder adquisitivo frente a activos reales.**

¿Y cómo es esto posible? Todos estos barros vienen de los lodos que se produjeron en 1944 a raíz de un gran cambio de la unidad de valor de referencia. «El mayor robo global de riqueza de la historia», lo llamo yo.

¿Qué pasó? Con el fin de la Segunda Guerra Mundial, las potencias aliadas se reunieron para redefinir el orden económico global. El gran vencedor fue, sin duda alguna, Estados Unidos. En 1944, durante la famosa Conferencia de Bretton Woods, el Gobierno de Harry S. Truman logró un movimiento magistral para las élites financieras de su país, si bien nefasto para el futuro económico de las generaciones venideras. Allí, junto con 44 países asistentes, se acordó un nuevo sistema monetario internacional:

- Se establecieron tipos de cambio fijos entre las monedas.
- Todas las divisas del mundo quedarían vinculadas al dólar estadounidense.
- Y el dólar, a su vez, estaría respaldado por oro a una tasa fija de 35 $ por onza.

Esto convirtió al dólar en la moneda de referencia global, el único dinero con «derecho» a canjearse por oro. Un privilegio reservado solo a bancos centrales, no a ciudadanos.

Brutal. Estados Unidos se quedó con el control del valor global y con la «maquinita» de imprimir billetes del Monopoly financiero mundial. *Game over.*

Pero aún quedaba la jugada final. En 1971, el presidente Richard Nixon, ante el colapso inminente del sistema, suspendió la convertibilidad del dólar en oro. Aquel evento, conocido como *Nixon Shock*, mató oficialmente el patrón oro. Desde entonces, vivimos en un mundo de moneda fiduciaria, donde el valor se sostiene en confianza… y deuda.

Hoy, mientras escribo este libro y como ya mencioné antes, una onza de oro supera los 5000 dólares por primera vez. Es una pista bastante clara de cuánto se ha devaluado el billete verde que, un día, representó oro.

Si lo medimos como una reserva de valor real, la vivienda se ha mantenido relativamente estable. Un piso sigue siendo un piso y soluciona los mismos problemas. Pero como insistimos en medir todo en euros —una moneda que pierde valor constantemente— acabamos creyendo que todo sube, cuando lo que baja es la capacidad de compra de nuestro dinero. Otra cosa es que la vivienda sea inaccesible. Lo es, y en buena parte por los mismos motivos: ingente emisión de moneda, pérdida de valor del euro y la capacidad de los salarios que han quedado muy lejos del encarecimiento real acumulado.

Y aquí aparece el gran engaño silencioso. La narrativa dominante te dice: «los pisos están carísimos», «la vida es imposible», «cada vez tienes menos poder adquisitivo». Todo correcto, pero incompleto. Porque nadie te explica el punto fundamental: **tu moneda se ha deteriorado de manera brutal desde 2008.**

La base monetaria del euro se ha multiplicado. Es decir, hay muchos más euros en circulación. Tu patrimonio no se ha multiplicado igual. Tus ingresos en valor nominal —no real— tampoco.

El euro es una moneda *fiat*. No tiene respaldo más allá de la confianza del Estado que las soporta o emite. Y su cantidad puede expandirse sin límite, sin tu permiso y sin relación con la creación real de riqueza. Eso significa que **cada vez hay más euros persiguiendo los mismos bienes.** Por eso parece que los bienes «suben». Pero no suben ellos: se hunde tu referencia. La moneda con que los adquieres.

En los últimos diecisiete años hemos vivido el mayor proceso de expansión monetaria en la historia moderna de Europa:

- Programas de QE masivos.
- Tipos cero durante una década.
- Compras de deuda pública sin límite.
- Inyección de liquidez para sostener gobiernos y bancos.

Todo esto tiene un nombre elegante: «política monetaria expansiva». En lenguaje real: impresión de dinero.

¿Efecto en tu bolsillo? Una devaluación silenciosa. La mayor devaluación encubierta que ha vivido la Europa contemporánea.

Y es así como se empobrece una sociedad sin que nadie proteste. No se hace por decreto, no se anuncia en un BOE ni se vota en un Parlamento. Entra por la vía discreta: diluye el valor de la moneda con la que cobras, ahorras y planificas tu vida.

Mientras tanto, los activos duros y reales —oro, inmuebles, energía, acciones— absorben esa liquidez y suben. Pero no porque «valgan más», sino porque tu dinero vale menos. Y ellos mantienen su valor.

Es aquí donde se rompe la sociedad:

- Los que tienen activos se benefician y les protegen.
- Los que tienen euros o «solo» ingresos, se hunden.

El resultado es la polarización económica que todos vemos, aun sin entender su origen: élites cada vez más ricas, trabajadores cada vez más exprimidos y una clase media que ha sido literalmente borrada del mapa.

¿Quieres pruebas? Mira cualquier gráfico de base monetaria europea y compáralo con salarios. No hay color. Los salarios suben anualmente según un índice de precios de consumo (IPC) que depende de fórmulas y decisiones institucionales, normalmente un 1 %, un 2 % o un 3 %. La masa monetaria ha crecido mucho más en determinados periodos, hasta un 10 % o un 15 %.

¿Resultado? Empobrecimiento silencioso. Lo llamamos *inflación*, pero deberíamos llamarlo por su nombre: **transferencia de riqueza desde quienes no tienen activos hacia quienes sí los tienen.**

Y mientras eso ocurre, el relato reparte culpas: el casero, los inversores, el turismo, los fondos… según toque ese mes. Pero la realidad es otra: **todo está diseñado para que no mires al verdadero responsable: el sistema, en su acepción de decisiones de política monetaria.**

La vivienda no es el problema. Es un indicador.

La trascendencia económica no va de hacerse rico. Va de dejar de ser manipulable, de entender el sistema para no ser devorado por él. Va de ser libres. **¿Qué puedes hacer? Aquí te dejo tres cosas muy simples:**

1. **Deja de medir tu vida solo en euros:** es una unidad rota. Úsala para pagar, no para evaluar tu riqueza.
2. **Comprende cómo opera la dilución monetaria:** si no lo entiendes, siempre sentirás que «algo va mal» sin saber qué es.
3. **Construye un plan donde tu capital trabaje por ti, no contra ti:** activos reales. Diversificación. Visión. Largo plazo. Criterio.

No esperes que un Gobierno te salve. No esperes que el Banco Central Europeo (BCE) cambie, ni que el sistema se vuelva justo. Esto no pasará. Pero sí que puede pasar algo: tú sí puedes cambiar.

Al PIB le va bien, a las personas les va mal

Antes de comenzar este apartado, hablemos de lo que es el PIB, significa producto interior bruto. Es, básicamente, la suma de todo lo que produce un país en un año. Si lo bajamos a un símil familiar, el PIB sería como sumar todos los ingresos que una familia consigue en un año. Así, en teoría, si ese número crece, la familia «va mejor». Y si baja, «va peor». La lógica parece sensata sobre el papel. De hecho, como indicador económico el PIB funciona, pero no cuando se usa como termómetro de bienestar humano.

Pero aquí empieza lo gracioso... o más bien lo trágico. A nivel institucional se interpreta que:

- Si el PIB sube → se produce más riqueza → la economía «va bien».
- Si el PIB baja → se produce menos riqueza → la economía «va mal».

Y como vivimos en un sistema que confunde tamaño con bienestar, nos han repetido hasta el aburrimiento que un PIB creciendo es sinónimo de prosperidad colectiva. Pues resulta que no. Ni de cerca.

Vayamos al quid de la cuestión.

Después del estallido de las hipotecas *subprime*[12] en Estados Unidos, que terminó convirtiéndose en una crisis mundial de proporciones históricas, llegaron años de dolor económico, incertidumbre social y desgarro silencioso en millones de hogares. Como todo ciclo, tras la tormenta acabó apareciendo ese supuesto «sol de la recuperación» que tanto se celebra en los titulares macroeconómicos. ¿Pero de verdad ese sol iluminó a las personas o solo al cuadro de mando económico del Estado?

Hablemos claro: el PIB volvió a crecer, sí. Pero, ¿mide el PIB realmente el progreso de una sociedad? ¿Mide cómo vi-

---

12. Las hipotecas *subprime* fueron préstamos hipotecarios concedidos a personas con bajo perfil crediticio, es decir, con más riesgo de impago. Se ofrecían con condiciones aparentemente atractivas al inicio —tipos bajos o cuotas reducidas— que luego aumentaban bruscamente. Muchas de esas hipotecas se empaquetaron y vendieron como productos financieros complejos, lo que dispersó el riesgo por todo el sistema. Cuando los tipos subieron y los impagos se multiplicaron, el sistema colapsó y detonó la crisis financiera global de 2008.

ven las personas? ¿Cómo se sienten? ¿Su tranquilidad, su salud mental, su capacidad de llegar a fin de mes sin ansiedad? Miremos los datos sin poesía. En España, de 2016 a 2025, el PIB creció todos los años excepto en 2020 por el golpe del COVID. Nueve años de crecimiento económico sostenido, en algunos momentos muy vigoroso. Nueve años de «el país va bien».

¿Y la vida de las personas? Eso ya es otro cuento. Porque mientras el PIB escalaba, la realidad social se desmoronaba de forma silenciosa.

Lo que hemos vivido en esta década es una **fragmentación social sin precedentes**. Un proceso tan lento que no sale en portadas, pero tan profundo que ha reconfigurado el país. Hace no tanto —lo recuerdo nítidamente— existía en España una clase media sólida, numerosa, estable, orgullosa de serlo. Eran los que habían roto el techo de cristal a base de educación, esfuerzo y trabajo duro. Esa misma clase media fue la primera en recibir el golpe en 2010, y la que después quedó atrapada en una especie de tierra económica de nadie: suficientes ingresos para no poder calificarlos de vulnerables, pero insuficientes para vivir con tranquilidad y mantener su calidad de vida pasada.

Hoy, esa clase media prácticamente ha desaparecido. Se ha comprimido, fracturado y desplazado hacia abajo. Lo que queda es una sociedad partida en dos:

- Arriba, una élite cada vez más alejada del resto.
- Abajo, una masa creciente de trabajadores que, aun te-

niendo empleo, viven en sentimiento permanente de escasez.

Entremedias queda un hueco enorme donde antes habitaban miles de familias que hoy sienten, con claridad, que retroceden. Esto no es ideología: son datos, tendencias y vidas reales.

Lo más grave: **el ascensor social se ha averiado.** El techo de cristal que antes se rompía con esfuerzo y talento ahora parece blindado. La movilidad ascendente se ha vuelto excepcional, casi milagrosa. La sociedad se está estratificando como en los viejos tiempos que creíamos superados.

Así que sí, el PIB sube. Fantástico para las gráficas. Pero el bienestar, la estabilidad, la tranquilidad y la calidad de vida de la mayoría han bajado o estancado. Es la gran ironía que vivimos en este primer cuarto de siglo XXI: **el país va mejor... mientras su gente va peor.**

El PIB celebra su fiesta, pero cada vez más ciudadanos miran desde fuera sin invitación. Y ese es el verdadero problema: un sistema que presume de crecer mientras deja a millones en la cuneta no es un sistema próspero, sino un sistema roto que hemos normalizado.

Esto, te adelanto, es justo lo que el Capital Trascendente viene a cuestionar: que no nos vendan crecimiento como bienestar, ni producción como progreso, ni riqueza macro como vida plena. Porque si el crecimiento económico no se traslada luego a las personas, no es mejora.

Despídete de tener una pensión

«El sistema público de pensiones es uno de los grandes logros del Estado de bienestar». Eso nos dijeron durante muchos años. Y, en parte, es verdad. Las pensiones fueron un avance social enorme. Permitieron que las personas en su última etapa vital no acabaran en la miseria después de una vida entera trabajando. Antes, si te dejabas la piel cuarenta años trabajando, podías quedarte sin apoyo en la vejez. Nada. Como si tu esfuerzo no hubiera valido un apoyo final.

También es cierto que, entonces, la esperanza de vida era más corta. Mucha gente ni siquiera llegaba a ser «pensionista» como lo entendemos hoy. Fallecías trabajando o poco después de retirarte, y eso hacía que el sistema no se tensara como ahora.

El problema es que el sistema nació con un fallo de fábrica. Uno gigantesco. Y no se corrigió en los años siguientes. Un pensionista no cobra lo que ha depositado en la Seguridad Social durante su vida laboral. No existe una hucha individual, ni una cuenta personal, ni una mochila propia. Las pensiones se pagan con las cotizaciones actuales de trabajadores y empresas. Dependes del flujo. De que la rueda siga girando.

España eligió ese modelo de reparto. Muy social, muy comunitario, muy bienintencionado. Pero sin una base real de ahorro individual. En otros países, tu ahorro viaja contigo toda la vida laboral y es tuyo. Aquí no. Aquí dependes del sistema... y de su salud.

El coste es descomunal. Más de 200 000 millones en 2025 de gasto solo en pensiones.[13] Casi un tercio del presupuesto consolidado del Estado. Léelo otra vez: ¡33 %! Uno de cada tres euros que se recauda a través de los impuestos se va automáticamente a pagar pensiones, antes de pensar en cualquier otra política pública.

> *Las pensiones suponen el 33 %*
> *del presupuesto del Estado.*[14]

Esto no es ideología. No es izquierda o derecha. Son matemáticas crudas. Y siguen empeorando. Porque cada año se jubila una generación más numerosa, con más años cotizados y con pensiones más altas. Es una ola que no deja de crecer.

¿Quién sostiene esto? Los que curran. Los cotizantes y las empresas. Con sueldos apurados, trabajos y carreras laborales inestables y muchos de ellos autónomos. En 2024 los datos arrojaban que los ingresos de un pensionista estaban soportados por las cotizaciones sociales de 2,44 trabajado-

---

13. Hidalgo, E. S. (2025, 26 diciembre). España bate otro récord de gasto en pensiones contributivas y supera los 189.000 millones de euros en 2025. *El País*. https://elpais.com/economia/2025-12-26/espana-bate-otro-record-de-gasto-en-pensiones-contributivas-y-supera-los-189000-millones-de-euros-en-2025.html.

14. *Portal Transparencia | Presupuestos generales*. (s. f.). https://transparencia.gob.es/publicidad-activa/por-materias/informacion-economico-presupuestaria/presupuestos-generales-estado.

res.[15] En 2050 bajará a 1,7.[16] Ni queriendo se sostiene. Es aritmética pura.

Un trabajador sostiene
a más de dos pensionistas.

Imagina un trabajador sosteniendo con sus cotizaciones a un pensionista... y a la mitad de otro. Súmale salarios ajustados, alquileres disparados, inflación persistente y deuda pública récord. No cuadra por ningún lado.

Menos nacimientos. Menos jóvenes. Sueldos más precarios. Mayor esperanza de vida. Más jubilados. Una tormenta perfecta. Y mientras tanto, las soluciones siguen siendo parches: subir cotizaciones, retrasar la edad de jubilación, ajustar tramos, indexar con el IPC. Todo suma, sí, pero la esencia no cambia: el sistema está diseñado para gastar más cada año, pase lo que pase.

La subida de pensiones con el IPC, que suena tan justa, implica miles de millones extra cada año. Y ese dinero tiene que salir de algún sitio: deuda, impuestos o más presión al cotizante y las empresas. No hay magia. No hay atajos.

15. Montero, P. (2025, 14 enero). La ratio de cotizantes por pensionista sube a 2,44, el mejor dato en más de una década. *65 y Más - el Diario de las Personas Mayores.* https://www.65ymas.com/economia/pensiones/ratio-coti-zantes-pensionista-sube-2-44-mejor-dato-mas-decada_66565_102.html.

16. *Idescat. European Union indicators. Projected old-age dependency ratio (base 2024).* (2022, 4 julio). https://www.idescat.cat/indicadors/?id=ue&lang=en&n=10694.

Cuando el Estado crea deuda para tapar agujeros, la factura va a la cuenta de tus hijos. Igual que pasó en 2008. Pagamos una fiesta a la que no estábamos invitados. Y ahora repetimos la película.

Si los jóvenes no estuvieran tan anestesiados, tan distraídos, tan quemados, esta situación sería un cóctel explosivo. Porque lo que viene es una brecha brutal entre mayores y jóvenes. Entre los que han cobrado y los que quizá no cobren lo mismo, si es que cobramos.

El problema es económico, pero también moral. Un país que destina el 33 % de su presupuesto —*in crescendo*— a pensiones es un país que renuncia a invertir en el futuro. Es una ecuación clara: menos educación, menos vivienda, menos innovación, menos formación, menos familia, menos oportunidades.

Estamos envejeciendo, mientras reducimos inversión en la generación que debería sostenernos. Es como tener una grieta en el depósito de combustible y esperar que no se detenga el coche. No va a funcionar.

La natalidad por los suelos no ayuda. Los sueldos bajos, tampoco. La llegada de trabajadores foráneos compensa un poco, sí, pero no lo suficiente para equilibrar la ratio. Ya estamos en un punto en que la Seguridad Social no se financia sola. El Estado tiene que entrar a salvarla cada año.

Y la deuda pública sube. Cada vez más. No por capricho, sino porque la estructura no aguanta el peso que se le pone encima. Y aun así seguimos prometiendo pensiones eternas, crecientes e intocables.

Muchos países han optado por sistemas mixtos: una parte de reparto y otra de ahorro real. Aquí seguimos confiando toda la vejez de millones de personas a un pacto colectivo basado en variables que ya no se cumplen.

El mercado ya lo ve. La gente con más recursos ha empezado a montar planes privados, a ahorrar, a diversificar. Y los que no pueden... quedan atrapados en lo público. Esa desigualdad en la vejez será uno de los mayores conflictos sociales del futuro. Las proyecciones dicen que el gasto en pensiones globales podría superar el 15 % del PIB en el 2050.[17] Y ningún presupuesto aguanta eso sin recortar sanidad, educación, obra pública o servicios esenciales. Es así. No hay más.

La única salida real sería un milagro: un salto de productividad de proporciones históricas. Pero no está ocurriendo. Y nadie sabe cómo provocarlo sin perder puestos de trabajo... porque la IA, si al final tiene el efecto que se espera, sin duda afectará a la productividad, pero también al empleo. Sin duda.

La política, mientras tanto, evita el conflicto. Sabe que decir la verdad resta votos.

La verdad incómoda es que la pensión pública seguirá existiendo. No la van a eliminar ni deben. Es demasiado im-

---

17. AIReF (2025, 31 marzo). AIReF notes compliance with pension expenditure rule, but warns that sustainability of system has not improved. *Independent Authority for Fiscal Responsibility.* https://www.airef.es/en/news/airef-notes-compliance-with-pension-expenditure-rule-but-warns-that-sustainability-of-system-has-not-improved.

portante para la paz social y para mantener nuestros valores europeos del bienestar social y el cuidado del uno al otro en las necesidades básicas. Pero será insuficiente. Para tener una vida cómoda en la vejez hará falta algo más que confiar en un sistema exhausto.

Como hacen ya hoy las personas con recursos, el ahorro propio, bajar la deuda a partir de cierta edad, acumular activos o diversificar ingresos ya no es una opción. Es supervivencia. Es responsabilidad. Es no delegar tu futuro en manos de una estructura que ya avisa que no llega.

La mochila austríaca[18] lo explica mejor que cualquier discurso: lo tuyo es tuyo. En España, lo tuyo depende de que haya suficiente gente trabajando, pagando impuestos y soportando el sistema. Y eso ya no está garantizado.

La conclusión es clara: la dignidad en la vejez se construye con instituciones sólidas y responsabilidad personal. Las dos cosas. La una sin la otra no funciona. Depender solo del sistema, con los números actuales, es una apuesta demasiado arriesgada.

Es momento de despertar. De aceptar que no todo está garantizado. De no esperar a que el Estado te salve. Es momento de tomar control, pensar, construir y actuar. Porque nadie va a venir a arreglarlo por ti.

18. Con la mochila austríaca, las empresas destinan cada mes un porcentaje del salario bruto del trabajador a un fondo individual. Esa mochila de aportaciones sigue con el trabajador a lo largo de toda su vida laboral y no se pierde si decide cambiarse de empresa de forma voluntaria. La nueva compañía seguiría aportando al fondo y así hasta un posible despido o la jubilación.

5. El camino del enso

Monje guerrero

En la tradición zen existe el símbolo del enso, un círculo trazado de un solo gesto que puede ser cerrado —como expresión de totalidad— o abierto —simbolizando lo imperfecto, lo inacabado, lo que está en tránsito—. Esa es exactamente la imagen que mejor representa este camino. Y a mí me encanta la versión abierta y lo que trasmite de impermanencia y cambio continuo... además de imperfección bella.

El Capital Trascendente no pretende convertirnos en seres perfectos ni iluminados, sino en personas conscientes de que siempre estaremos en construcción. Somos un círculo abierto, no un monumento acabado. Una obra en marcha. Un proceso continuo que se revisa, que se pule y que se vuelve a recorrer tantas veces como la vida nos pida.

Cada cierto tiempo, tendremos que revisar nuestros planes. Ajustar lo que cambió. Corregir desvíos. Integrar nuevas verdades. Y volver a empezar. Esto es un círculo y un proceso que no acaba nunca.

Y con esa idea llega uno de los pilares más importantes de todo este método: vivir en dualidad. Yin y yang. Monje y guerrero. Luz y sombra. Interior y exterior. Tranquilidad y acción. Porque la vida no funciona si negamos una de las dos partes. Aquí no se trata de ser solo zen o guerrero. Se trata de integrar ambas cosas.

La parte «monje» es la que nos recuerda quiénes somos. La que cuida de nuestra paz, nos conecta con nuestros valores y nos frena cuando el sistema nos quiere arrastrar. La que nos dice: «Primero tú, luego el ruido». Esa parte es imprescindible para no volvernos locos, para no caer en la trampa del estrés, del consumo, del yoísmo y de la carrera sin sentido. Es fundamentalmente observadora, pasiva y reflexiva.

Pero también está la parte «guerrero». Ojo, no me malinterpretéis. No hablo de violencia. Hablo de acción. De valentía. De plantar cara al sistema sin romper nada, pero sin obedecerlo. De *hackear* las reglas desde dentro. De decirle al mundo: «No vas a decidir por mí». El guerrero ejecuta, hace, se mueve, crea, protege, defiende su vida y la de los suyos. Es acción.

Ambas fuerzas son necesarias. Y ambas viven dentro de nosotros. La clave está en que trabajen juntas. Que haya equilibrio. Que no sea el monje el que se pase de espiritual y se vuelva un alma buenista sin impacto, ni sea el guerrero el que se pase de acción y termine siendo un esclavo del sistema disfrazado de «productivo».

Por eso necesitamos un faro. Un método. Una filosofía práctica que nos recuerde a qué jugamos y quién manda aquí. Y ese faro es el Capital Trascendente. Es nuestra guía para no perder el norte ni ceder ante el sistema, para no dejarnos arrastrar por el personaje que nos quieren imponer. Es la brújula que une al monje y al guerrero para que ambos remen en la misma dirección.

Porque no sirve de nada tener paz interior si después vives sometido económicamente. No sirve de nada tener éxito económico si has perdido tu alma por el camino. Y no sirve de nada querer cambiar el mundo si ni siquiera has sido capaz de ordenarte a ti mismo o ayudar a tus cercanos. El Capital Trascendente une esas piezas y las pone a trabajar juntas.

El monje sin guerrero se vuelve un espectador pasivo. Vive calmado, sí, pero sin impacto. Siente la vida, pero no la transforma. Y el guerrero sin monje se vuelve un esclavo disfrazado de héroe. Corre, lucha, produce, conquista… pero sin paz, sin propósito y sin dirección. Dos extremos inútiles.

La vida real exige ambos: meditación y pelea, silencio y acción, descanso y estrategia, amar y poner límites, ser ejemplo y ser rebeldes. Y, sobre todo, la valentía de no dejarnos programar por un sistema que vive de nuestra inconsciencia.

Por eso digo siempre: **monje en el alma, guerrero en la acción**. Monje para entender quién soy y qué quiero; guerrero para hacer que ocurra. Monje para no perderme; guerrero para no rendirme. Monje para cuidar a los míos; guerrero para proteger mi camino. Monje para tener visión; guerrero para tener impacto.

Y ningún yin existe sin yang. En un mundo sano, ambos se complementan. Pero en el sistema actual ambos están desbalanceados. Nos quieren guerreros compulsivos, obsesionados con producir y consumir. Nos quieren peleando en guerras que no son nuestras. Nos quieren cansados, distraídos y con miedo. Un monje conectado y un guerrero consciente son su pesadilla.

Porque el monje despierto ve la verdad del sistema. Y el guerrero despierto actúa contra ella.

El Capital Trascendente nace precisamente para eso: para unir tus dos mitades y darte un camino claro. Un método para vivir con paz y con fuerza. Con claridad y con acción. Con significado y con libertad. Para que puedas moverte por el sistema sin convertirte en un esclavo del sistema.

Y aquí está lo importante: un monje solo se ilumina en lo abstracto. Un guerrero solo vence en lo concreto. Pero un monje guerrero transforma su vida entera. Porque no se limita a sobrevivir. Tampoco a pelear ni a resignarse. Ni a idealizar. Vive con dirección, con propósito, con intención y con autenticidad.

Un monje guerrero no reacciona al sistema. Lo *hackea*. No espera que la vida cambie. La cambia él. No busca premios externos. Se guía por valores. No vive para gustar. Vive para ser. Y no quiere ser perfecto. Quiere ser verdadero.

Ese es el espíritu del Capital Trascendente. Ese es el tipo de persona que queremos construir. Ese es el perfil que vibra con este libro, con este sistema, con esta forma de vida. No un héroe. No un iluminado. Un monje guerrero. Tranquilo por dentro; firme por fuera. Claro por dentro; librepensador por fuera. Humilde en esencia; imparable en acción.

Lo más hermoso es que no necesitas retirarte a un monasterio ni ponerte una armadura samurái. Solo necesitas asumir la responsabilidad de tu vida. Decidir qué valores serán tu ley. Y comprometerte a caminar con paz... pero sin rendirte nunca. Así intento ser yo.

Corderos y tigres. Un cuento sufí

En una remota aldea, rodeada de montañas, había un rebaño de corderos que pastaban cada día bajo el sol, sin preocupaciones, guiados por sus pastores.

Una mañana, desde la espesura del bosque, apareció una tigresa preñada, hambrienta. Saltó sobre el rebaño, pero en el esfuerzo del ataque dio a luz a un pequeño tigre y, agotada, murió.

El cachorro, sin madre y sin manada, fue encontrado por los corderos. Ellos, apiadados, lo acogieron y lo criaron como uno más.

Y así, el pequeño tigre creció entre ellos, aprendiendo a balar en vez de rugir, a comer hierba en lugar de carne, y a temer al bosque que lo vio nacer.

Pasaron los años. El tigre se movía torpemente entre las

ovejas, creyéndose una de ellas. Si alguien le decía que era distinto, él lo negaba con inocencia:

—No, yo soy un cordero.

Un día, un gran tigre viejo descendió de las montañas. Al ver al joven pastando con los corderos, quedó asombrado:

—¿Qué haces aquí entre estos animales? ¡Eres un tigre, no un cordero!

El joven retrocedió temblando:

—No, te equivocas, yo soy un cordero. Mira, como hierba y balo como ellos.

El tigre viejo soltó una carcajada profunda y, tomándolo con firmeza por el cuello, lo arrastró hasta el lago cercano.

—Mira —le dijo—, mira tu reflejo y compáralo con el mío.

El joven miró, y por primera vez vio su verdadera forma. Ya no veía la lanuda figura que imaginaba, sino un rostro fuerte, dorado, de mirada salvaje y profunda.

Aún dudaba.

Entonces el tigre viejo cazó un animal, arrancó un trozo de carne y se la ofreció:

—Come.

El joven se negó al principio, horrorizado. Pero el olor despertó algo en su interior, un recuerdo ancestral, una fuerza dormida. Probó un bocado y algo cambió. Una corriente de energía le recorrió el cuerpo. Sintió su garganta arder y, sin saber cómo, soltó un rugido.

Un rugido que retumbó en las montañas y ahuyentó a las nubes.

El viejo tigre sonrió:

—Eso es. Has recordado quién eres.

Desde aquel día, el tigre nunca volvió al rebaño.

No porque despreciara a los corderos, sino porque comprendió que su naturaleza no era la de seguir, sino la de despertar.

Y así, en el corazón de todos los corderos que lo habían visto rugir, quedó una semilla de duda, una pregunta que ya no podrían silenciar: **¿Y si también nosotros fuéramos algo más de lo que creemos ser?**

El cuento que acabo de exponer más arriba es una fábula nuclear y básica en toda mi filosofía y en la del Capital Trascendente. Todas mis fuentes, y así me lo encontré en varios libros, hablan de que es una fábula sufí. He de reconocer que he buscado el documento original, pero me ha sido imposible encontrarlo. Pero no pasa nada. La verdad es que da igual que provenga de la sabiduría sufí o de un sabio de barrio. El tema es que habla mucho de quién queremos ser —o ya somos sin saberlo—: ¿nuestra esencia o lo que nos marcan?

El cuento representa el despertar del alma que vive dormida por las costumbres del rebaño —la sociedad, el ego, el miedo— hasta que un «maestro» (el tigre viejo) la confronta con su propio reflejo y le recuerda su verdadera naturaleza. Comer carne simboliza aceptar la verdad esencial, aunque al principio duela. El rugido final es el acto de conciencia, el regreso al ser auténtico.

Pero para dar ese paso el pobre tigre se debe rebelar y rechazar todo lo que le han enseñado desde pequeño. Debe renunciar a la única identidad que conoce. Eso implica un acto de valentía y convicción épica.

El pequeño tigre se enfrenta a su *statu quo* de la forma más salvaje posible, comiéndoselo. ¡Qué forma de rebelarse y rechazar lo preestablecido en nuestra mente y nuestras vidas! Existen procesos de cambio y evolución muy progresivos y otros totalmente radicales, según cada situación.

Pero a veces para construir un nuevo mundo hay que destruir —o comerse— al antiguo.

Me quedo con el mentor que todos debemos tener: el tigre viejo, que es indispensable. Pero más indispensable es que tengamos las miras abiertas. La mente dispuesta. Solo así identificaremos esos mentores que nos formarán y guiarán. Puede ser un libro, un socio o jefe, un amigo, un desconocido o hasta tu propia hija con su maravillosa simplicidad... están por todas partes. De todos nos podemos nutrir en algún momento.

Y el fragmento que me parece más poderoso es el final: el momento de contagio, cuando algunos corderos ven lo sucedido. Lo viven como un crecimiento vital por parte del joven tigre y ellos mismos se plantean si a lo mejor ellos también están predestinados a dar ese paso simbólico.

Es un cuento. No se van a poner a comer corderos. Pero el símil y su conclusión son poderosísimos. El tigre hace creer a los corderos que ellos también pueden. Los incita y motiva, desde una posición de ejemplo, al cambio y evolución.

Y esa es una aspiración que, con el Capital Trascendente, podemos liderar. Liderar desde la convicción, la transformación, el ejemplo y el compromiso.

El boxeo como camino de vida

La vida se asemeja mucho al deporte. En una forma más intensa y magnificada, tienen patrones muy compartidos y próximos. Entre los muchos deportes que existen, al que más similitudes le encuentro con la vida es al boxeo. Soy practicante novel, pero apasionado y observador. Llevo estudiándolo muchos años. Me atrae especialmente ese equilibrio entre el esfuerzo individual y el momento de medirte con otra persona. De tú a tú. Sin artificios ni distracciones.

Hay otros deportes igualmente interesantes. El rugby, por ejemplo, donde el «uno» desaparece y se transforma en un «todos» de una forma casi salvaje y pocas veces vista. El kárate, que guarda similitudes evidentes con el boxeo, pero incorpora una base de filosofía oriental —una mezcla de tao y zen— que le aporta una profundidad espiritual distinta. O el atletismo o el ciclismo, que tienen momentos de soledad de una dureza inigualable contra el peor enemigo que existe: el cerebro. Pero el boxeo aporta una dosis de tierra, de barrio, de simplicidad y, sobre todo, de pureza y crudeza únicas. Y ahí empieza el paralelismo real con la vida.

En el boxeo hay cosas increíbles, muy similares a la vida. Empiezas de forma individual, trabajas para ti y por ti. Te marcas un camino de mejora, de excelencia y lo vas recorriendo. Solo. Contigo y tus sensaciones y emociones. Luego te das cuenta de que no puedes recorrerlo totalmente tú solo. Que necesitas un entrenador. Tu mentor o guía. El que debe decirte cómo transitar mejor esa preparación para mejorar y evolucionar en la práctica y conseguir los resultados que busques.

En el siguiente paso te das cuenta de que la monotonía de los entrenos diarios es un factor que resta. Que sientes esa soledad. Sabes que no es un deporte de equipo, pero como seres humanos nos gusta compartir. Así que se crean espíritus comunes en los gimnasios o centros. Se crea un clima de confraternización entre los pertenecientes a ese club, diría que incluso ampliable a los que practican ese deporte. Se crea un concepto no hablado de tribu. Se reconocen por la mirada. Se respetan. Son guerreros. Saben que, si estuvieran frente a frente, deberían combatir el uno contra el otro. Pero se respetan, así como respetan su decisión de haber elegido el boxeo como un camino trascendente en sus vidas. Un camino que da metas y objetivos. A veces grandes. A veces tan simples —y tan suficientes— como estar más sano... y atizar a un saco.

Aquí aparece un riesgo importante, tanto en el boxeo como en la vida: confundir el dedo con la Luna. Lo importante es la Luna: verla, admirarla, alcanzarla. No el dedo que la señala, que suele convertirse en distracción o excusa. Explicado de una forma más clara: no confundir la práctica y exigencia que nos marquemos en un deporte de alto nivel con usar el boxeo como herramienta de postureo y superficialidad.

Cuando observas a quienes llegan a profesionales, ves patrones claros: exigencia, pasión e incluso obsesión. Muchos están movidos por el espíritu del héroe, por la sensación de misión, de estar llamados a algo. Y luego están las estrellas. Ahí se ve el clímax de la escalera vital. Por sus actos distingues rápido:

- Quien solo quería llegar y ganar pasta.
- Quien cumplía simplemente su sueño de campeón de cuando era pequeño por amor al deporte que practicaba.
- Una minoría que te habla con palabras o con actos de un concepto: el legado que quiere dejar y cómo se le recordará.

Esa última minoría ve más allá. Es consciente —qué término tan potente— de que nada es eterno y de que una vida no puede reducirse a dinero, fama efímera o cinturones. Tiene que haber algo más. Algo que dé sentido al esfuerzo titánico realizado, que dote a la vida de significado.

Ahí construye esta minoría sus valores, su estilo de pelear, de comunicar. Estas personas utilizan el ejemplo de su vida como enseñanza y camino para los demás. Muchas veces, cuando se retiran, vuelven al origen. Crean un gimnasio o vuelven a su tribu a enseñar, formar, cuidar de esos niños o jóvenes que sueñan lo que él ya ha sido. Así se convierten en su entrenador, su *coach*, su guía y, seguramente, su consejero. Han escrito las palabras de cómo quieren ser recordados. Han dejado una obra para quien quiera llegar y conocerla, emularla o simplemente inspirarse en ella.

Y aquí el boxeo deja de ser boxeo y se convierte en vida. Porque la vida, desde que nacemos hasta que morimos, nos plantea exactamente lo mismo: decisiones. ¿A qué quiero dedicar mi tiempo? ¿Cuál es mi guerra? ¿Quién soy para decidir qué quiero desarrollar y de qué forma? ¿Con qué herramientas? No solo a qué profesión me quiero dedicar, sino a qué voy a dedicar mi vida. Por lo menos en este momento concreto. Si esto no lo dejamos claro, pues empezamos a derivar y dejarnos llevar por la marea. Se pasa la vida.

Debemos tener una pasión, un objetivo, un camino o varios juntos. Pero no podemos ni debemos dejarnos divagar y flotar. Aunque nuestra decisión sea sencilla, simple, humilde. Pero debe ser elegida de forma consciente.

Después llega el entrenamiento. La constancia. Pensar 24/7 en aquello que has decidido. Y ahí aparece la primera gran criba de la vida, del boxeador, del atleta: la pereza, el cansancio, la lluvia, las cañas con amigos… las excusas infinitas del cerebro. Aquí cae la mitad de la población. Bajada de brazos. Que la marea decida, que entrenar cansa mucho.

Oleksandr Usyk, gran campeón de boxeo ucraniano —al que merece la pena escuchar—, lo explica sin rodeos: la motivación no vale. Es efímera. Un día está y al siguiente no. Lo único que marca la diferencia es la disciplina: hacer lo que toca, cuando toca. Nada más. Nada menos.

El boxeo también nos enseña que solos tardaremos el triple de tiempo y con menos probabilidades de éxito en nuestros objetivos que si lo hacemos acompañados. Es ahí donde aparece el maestro, un mentor, o varios, de quienes aprendemos determinadas cosas. No hace falta que sea uno al estilo gran maestro. Nos vale con estar atentos por donde caminamos. Por donde la vida nos lleve. Y coger las enseñanzas, de voz o acto, de determinadas personas que se cruzan por nuestro camino.

Puede ser que incluso no sea una relación como tal. Que desde la sombra aprendamos sin decirles ni pedirles esa mentoría. Se trata de abrir los ojos todo lo que podamos y escuchar con la mente y el alma. Y nos pueden instruir porque han transitado ya ese camino, con éxito o fracaso. Aprovechémoslo. Nutrámonos de ese entrenador que, desde una esquina y sin estar en el interior de nuestra historia o pelea, nos puede dar o regalar enseñanzas o recomendaciones en tiempos de niebla. Ya estamos dentro del 25 % de la población. El resto navega a la deriva.

Ya tenemos un objetivo, un plan, uno o varios mentores. Estamos en el camino.

Y aquí aparece otra trampa: quedarse solo en la etapa de entrenos. Entrenar no es competir; pelear en un *ring* es otra cosa. Como el emprendedor que se instala en el coworking, se mentoriza, capta fondos y convierte el «ser emprendedor» en una identidad, olvidando que el fin es el proyecto, el producto o servicio final. No obstante, se acostumbra y focaliza en las rondas de financiación en vez de monetizar o hacer mínimamente viable ese proyecto.

Como les digo muchas veces a los equipos comerciales, ahí fuera hace frío; y hay personas que están hechas para quedarse en una oficina calentita, con un café en una taza con frase motivacional, mirando cómo llueve de forma casi romántica al otro lado del cristal. No pasa nada. Cada uno tiene su lugar. Pero eso no es competir. Eso es quedarse en la deriva del entreno: prepararse, analizar, hablar de lo que habría que hacer… sin salir nunca a exponerse de verdad. Sin medirse con la realidad. Sin asumir el riesgo.

Conviene no confundirse. En el boxeo es muy claro: si vas de verdad, hay que pelear. Todo lo demás es hacer deporte. Y hacer deporte no está mal, en absoluto. Siempre que sea una elección consciente y no vendas motos.

Porque competir —pelear— implica salir ahí fuera, aceptar el frío, asumir golpes y responsabilidades. Y eso solo tiene sentido si encaja con tu plan vital, con tu misión, con la vida que has decidido diseñar. No todos tienen que pelear. Pero quien dice y decide hacerlo… que lo haga con todas.

¿Qué te va a pasar en el *ring*? Lo mismo que te va a pasar en la vida: te vas a llevar algún golpe. Esto es así. Sin duda, sin margen de error, pasará. Según el yin y el yang, no puede existir la felicidad sin la tristeza, el negro sin el blanco. Uno define al otro.

En ese momento de la vida, cuando te golpee, cuando no salgan las cosas, lucharás contra tu peor enemigo: tú mismo. En concreto, lucharás contra un cabronazo que no se calla ni debajo del agua y que está todo el día parloteando: tu querido cerebro. Volverá a buscar mil excusas o razones para que no te levante. Para que tires la toalla. Para que abandones y te dejes llevar por la marea de la vida con minúsculas. Pues aquí es donde se queda ya solo el 10 % de las personas. Lo entiendo, pero no lo comparto. Es duro perseguir metas, objetivos y propósito cuando ves a tu alrededor que la masa simplemente está, pero no vive. Se deja llevar. Se acopla a lo que se espera de ella para encajar.

(Por cierto, si encajas en esta sociedad, tienes un problema. Si ves que no encajas, no sufras. Es normal. A muchos nos pasa lo mismo).

Ya has conseguido uno de los grandes triunfos de la vida: aceptarla como viene y adaptarte. Recibir un golpe te cambiará tu forma, pero la recuperarás con relativa rapidez (resiliencia, la llaman). Y claro, te preguntas cosas: ¿por qué me pasa esto? ¿Por qué ahora? ¿Por qué así?

Pero si somos simples, sencillos y humildes, como propone el tao, dejaremos que sea la propia vida la que, más adelante, nos explique por qué pasó lo que pasó. Nuestro trabajo no es entenderlo todo de inmediato, sino encajar el golpe y levantarnos. Sufrir está permitido. Tirar la toalla, no. Nos queda confiar en la vida, volver al camino, ponernos en pie y seguir con el combate.

Llegar hasta este punto —después de pequeños triunfos y victorias en el crecimiento personal de quien aspira a una vida más consciente y trascendente— ya es, en sí mismo, un éxito. Nos sitúa en una vida con sentido, con profundidad, al margen de que alcancemos o no ese éxito último, el soñado. Porque en ese camino ya nos hemos transformado, ya vivimos, no solo estamos. Estamos en la élite de la sociedad trascendente. Como dicen los maestros del tao, lo importante es el camino.

Y añadiría algo más: importa el camino, pero también cómo lo hemos recorrido. La pregunta clave es esta:

¿hemos dejado tierra fértil para que crezca la hierba después de nuestro paso o la hemos dejado seca, como Atila y los hunos?

Y ahí enlazamos con el 1 % de la población. Esas personas que dejan algo tan poco usual como entendido, pero que es extraordinario: el legado.

Algunos boxeadores —extrapolables a atletas o personas que piensan más allá de la caja— hablan explícitamente de ello. Ya no piensan solo en ganar, sino en cómo hacerlo. En la responsabilidad que implica ese «cómo». Porque ese cómo dice todo de quién es y cómo vivió. Y, sobre todo, porque quieren que los suyos, los otros y las generaciones venideras encuentren que su vida tuvo sentido y beban de alguna fuente que crearon en vida y dejaron a disposición.

¿Pero qué es el legado? En mis propias palabras, es esa huella duradera que dejamos en el mundo, una vez fallecemos, a través de las acciones, valores, decisiones o relaciones que tuvimos o propugnamos. Es el impacto que trasciende más allá de la persona física y que continúa influyendo en las personas venideras, aunque ya no estemos presencialmente. Se realiza en forma de enseñanzas, ejemplos, obras, principios, valores o simplemente inspiración por extrapolación de la vida y la forma vivida.

Existe una minoría que se preocupa conscientemente por ese legado. Lo hace desde una visión de altura. Como un dragón sobrevolando la tierra, con una mirada global, periférica y amplia que permite ver el conjunto y no solo fragmentos aislados.

Pero, ojo, ese legado puede ser algo sencillo. No tenemos que ser todos héroes que morimos bajo un hacha por nuestros principios cual Braveheart: ¡Libertaaaaaad! Puede ser algo cercano. Íntimo. En nuestra gente, nuestro barrio, nuestra comunidad. O tan amplio como el alcance que podamos tener para ejercer una influencia positiva.

Debemos construir el legado poco a poco. Golpe a golpe. Acto a acto. No se hará de una sentada y escribiendo un libro. Tiene que ser más integral. Más prolongado en el tiempo. Más profundo. Y cuanto más lo sea, más perdurable será.

De hecho, todos tenemos un ejemplo cercano. Un familiar que ya no está con nosotros. Que falleció, pero sigue presente. Que todavía nos hace preguntarnos: ¿qué haría en tal o cual situación? ¿qué nos habría dicho? En mi caso, es mi padre. Esa persona dejó un legado. Quizá sencillo. Quizá basado solo en el amor y en actos cotidianos que hoy siguen sirviéndonos de ejemplo. A eso me refiero.

Creo que todos podemos encontrar una figura parecida. Y muchos podemos dejar un legado familiar: mostrando, con actos y palabras, lo que significa vivir con amor, con atención por el otro, con valores como la humildad, el trabajo o la familia, y servir así de guía a los jóvenes que vienen detrás.

Claro que luego hay gente extraordinaria que crea legados mucho más amplios y complejos. Pero para lo que nos atañe, que es la vida con propósito, trascendente, dejar un legado ya nos sitúa en la minoría de la sociedad.

Si tuviéramos y usáramos esos recursos, la vida sería más transitable o, por lo menos, la recorreríamos con mayor sentido o confianza. De forma más plena.

Meditación de nuestra muerte: un ejercicio vital

Hay un ejercicio de meditación que realizo a veces. Sonará un poco *gore*, pero es, de verdad, muy clarividente. Puede hacerse de una forma sencilla a través de la reflexión o bien vivirlo de manera más profunda sintiéndolo real.

Consiste en experimentar un evento vital «especial» de una manera real y sentirlo en primera persona, con todo lujo de detalles. Hablo del fallecimiento. De vivir tu propia muerte. Asistir a ella como actor principal, sintiéndolo todo como real, y al mismo tiempo tener una visión externa de lo que sucede a tu alrededor.

Desde una posición de paz y tranquilidad, diría en meditación.

Vivir la muerte. No te asustes.

Ver y sentir ese primer acercamiento de tus personas cercanas a tu cuerpo inerte por primera vez. Sus reacciones. ¿Quién asiste? Tu velatorio, la misa o el acto de vigilia. El entierro en sí. Las personas. Quién llora de corazón y quién no… Verte dentro del féretro y siendo enterrado o incinerado.

—Pobre Keko, ¿no?

—Sí, una pena la verdad.

...

—¿Viste el partido de la selección ayer?

—¡Sí! Me encantó Pedri.

—No somos nada.

El muerto al hoyo, y el vivo...

Lo he realizado varias veces y siempre ha sido un ejercicio brutal de claridad. Sirve para ordenar prioridades, para entender qué —y quién— es realmente importante. Para conocer quiénes son esas personas imprescindibles con las que te une un amor puro y quiénes no. Es un ejercicio que te obliga a mirar de frente todo eso que postergas porque estás «demasiado ocupado» o porque «no tienes tiempo». Te obliga a preguntarte en qué estás invirtiendo, de verdad, las horas de tu día y, en el largo plazo, de tu vida. También te recuerda que lo material se queda aquí, que no podrás llevártelo.

Y entonces surge la pregunta inevitable: **¿realmente era importante?** ¿Cuánto me ha costado conseguirlo, no solo en dinero, sino en vida? Estos pilares, juntos, forman la base y los recursos del Capital Trascendente. Unidos a otras capacidades esenciales —el espíritu crítico, el amor, la valentía, el desarrollo personal, la ética, los valores—, dan forma a un nuevo sistema que sitúa a las personas en el centro.

Este nuevo sistema nos convierte en líderes de nuestra propia vida, en tigres, y nos acerca a una existencia más significativa. Asimismo, se rebela contra lo establecido y busca tener un impacto real en las personas y, por extensión, en la sociedad que construimos entre todos.

Como eres en el césped, eres en la vida...
y en la empresa

Hay una verdad que aprendí muy pronto, mucho antes de hablar de capital, de trascendencia o de planificación vital. La aprendí en el césped, con las botas puestas, en partidos que parecen pequeños, pero lo dicen todo. Porque la manera en que alguien corre a un balón dividido, reacciona a un error o ayuda a un compañero revela más de su carácter que cualquier currículum o cargo.

En el fútbol no hay relato ni maquillaje. No hay marca personal ni *storytelling*. Hay acción, actitud e instinto. Ahí no se puede fingir. Y lo que eres cuando no puedes fingir es, casi siempre, lo que eres en cualquier otro ámbito de tu vida.

Con el tiempo empecé a verlo claro. He visto a jugadores con un talento enorme romper equipos por falta de humildad, y a otros, mucho más limitados, volverse imprescindibles por su compromiso. El patrón se repite siempre: nadie se transforma por cambiar de contexto. Uno es el mismo dentro y fuera del campo.

Un equipo muestra rápido quién asume el esfuerzo como algo natural y quién lo vive como una carga. Quién responde cuando las cosas se tuercen y quién se esconde. Quién juega para el conjunto y quién juega para su propio brillo. El campo no juzga: expone.

Por eso un partido de amigos dice más que muchas entrevistas, y una derrota explica más que un historial profesional impecable. El deporte es una escuela silenciosa. No otorga títulos, pero obliga a mirarse. Enseña que ganar sin valores no sirve y que perder con ellos fortalece.

También enseña algo incómodo: cuando alguien baja los brazos en el campo, rara vez es por falta de capacidad. Suele ser una cuestión interna. Y ese mismo patrón aparece fuera. Quien evita el balón difícil suele evitar también las decisiones incómodas. Quien se retira para no fallar difícilmente asumirá riesgos que puedan cambiar su trayectoria.

Con los años confirmé que la empresa no es tan distinta. Cambia el lenguaje, pero no la lógica. Siguen estando las personas que aparecen cuando todo va bien y desaparecen cuando el proyecto se pone cuesta arriba, y también quienes sostienen al equipo sin necesidad de reconocimiento. La diferencia nunca está en el puesto, sino en la actitud.

Como futbolista entendí que un vestuario es un laboratorio humano. Como empresario comprobé que esas dinámicas no desaparecen con un traje. La gente no cambia porque cambie el escenario. Cambia cuando se observa, se trabaja y decide mejorar. Y ese proceso empieza en gestos mínimos.

He visto personas discretas convertirse en referentes por no esconderse, y personas brillantes quedarse por el camino por no saber convivir con su ego. El talento abre puertas, pero es la actitud la que permite atravesarlas.

En cualquier partido informal aparece alguien que no sabe perder, que protesta todo, que hace trampas. Con el tiempo aprendes a reconocerlo rápido, porque ese comportamiento no se queda en el campo. Del mismo modo, también aparecen quienes animan al que falla, quienes se ofrecen siempre, quienes ayudan sin necesidad de aplauso. Ese es el liderazgo que no hace ruido.

Cuando hablo de trascendencia hablo de esto. De cómo eliges estar en el campo de tu vida. De si juegas solo para ti o para algo que te supera. De si avanzas con intención o simplemente ocupas espacio.

Si quieres saber quién eres de verdad, no escuches tus discursos. Mira cómo juegas cuando nadie te mira. Y si no te gusta lo que ves, la buena noticia es que se puede cambiar.

El césped siempre devuelve la versión que construyes. Y el césped no miente.

Conectar con tu propósito: lo que te hace vibrar

Vivimos en una época en la que casi todo el mundo parece tenerlo claro menos nosotros. Ves redes sociales y parecería que todo el mundo ha encontrado su «pasión», su «propósito», su «misión cósmica». Luego hablas con esas mismas personas a puerta cerrada y están igual de perdidas que tú. O más. Y esto no es casualidad; es el síntoma de un vacío que el sistema no quiere que entendamos. Un vacío existencial que aparece cuando vives sin dirección, sin sentido y sin una idea clara de para qué estás aquí.

Ese vacío no aparece de golpe. Se cuela poco a poco. Un día te levantas, cumples con tus obligaciones, haces lo que toca, y por fuera todo parece ir bien… pero por dentro algo no encaja. No sabes explicarlo, pero lo notas. Esa sensación de «¿esto es todo?». Es ese punto en el que cumples con todo lo que te dijeron que debías perseguir y, aun así, no te sientes lleno. Ni tranquilo. Ni conectado contigo.

Ese vacío es normal. Le pasa a todo el mundo que vive siguiendo un guion ajeno. No es depresión, no es drama, no es debilidad... aunque puede acabar en eso. Es simplemente la consecuencia de **tener una vida hiperocupada, pero sin intención.** Una vida llena de tareas y vacía de significado. De trabajar por inercia, de perseguir objetivos que ni siquiera elegiste tú y de ir apagando fuegos sin preguntarte si ese incendio es tuyo o de otro.

Hay personas que no sienten ese vacío, y suele ser por dos motivos muy distintos:

1. Porque han conectado, aunque sea de forma imperfecta, con algo que les mueve. Algo que les hace sentir que su vida tiene un sentido. Un propósito. Un «esto lo hago porque lo elijo». Puede ser su familia, un oficio, un proyecto, un deporte, una causa social o algo tan sencillo como cuidar un pequeño negocio al que aman. No hace falta grandeza: hace falta autenticidad.

2. El segundo motivo es más triste: personas que no sienten el vacío porque no se permiten sentir nada. Se anestesian con ruido, consumo, trabajo excesivo, pantallas, planes obligados y agendas llenas. No paran ni un minuto a escucharse. Y, claro, si nunca se para, nunca se nota el vacío. Pero tampoco se nota la vida. Solo se sobrevive. Eso es peor que estar perdido: es no estar.

El propósito no es una frase bonita en una taza ni un mantra motivacional. Es algo mucho más práctico: es tener un para qué. Un motivo que haga que levantarte por la mañana no dependa del café, sino de tu claridad. Es saber que lo que haces tiene sentido para ti, no para el sistema ni para los demás. Es elegir una dirección y caminar hacia ella, aunque no sea perfecta y aunque te equivoques cien veces.

Cuando conectas con tu propósito —sea grande, pequeño o microscópico— algo cambia dentro. De repente, tus decisiones tienen coherencia, tus sacrificios pesan menos y tus límites se hacen más firmes. Tu cabeza se ordena. Tu vida se calma. Y aparece esa sensación que todos buscamos: la de estar en tu sitio.

Un propósito no tiene por qué ser épico. No tienes que salvar el mundo. A veces se trata de cuidar de tu familia de una manera más presente. O de abrir un negocio pequeño que te dé libertad. O acompañar a jóvenes en su crecimiento. O dedicarte al deporte que amas. O simplemente diseñar una vida sin ansiedad, sin coleccionar cosas inútiles, sin correr como un pollo sin cabeza. Todo eso también es propósito.

El sistema quiere que asocies propósito con fama, dinero o impacto masivo. Esa es la gran mentira. El propósito real puede ser silencioso. Aun así, puede llenarte más que cualquier logro profesional. Hay personas que tienen carreras espectaculares y vidas vacías. Y otras con vidas muy sencillas y una paz envidiable. La diferencia está en el propósito, no en el ruido.

Tener un propósito no significa tener todo claro. Tampoco significa que tengas que renunciar a tus responsabilidades o que vivas como un iluminado en una cueva. Significa que pones una línea roja: «**Esto es lo que quiero y no voy a vivir de cualquier manera**». Significa que decides dónde pones tu energía, con quién la compartes y qué sacrificas o qué no estás dispuesto a sacrificar.

Cuando vives con propósito, cambian tus relaciones. Te rodeas de personas que suman. Te alejas de las que drenan. No porque seas mejor, sino porque ahora sabes qué necesitas. Cambia tu forma de trabajar: eliges entornos, ritmos y proyectos que se alinean contigo. Cambia tu nivel de ansiedad: disminuye, porque ya no compites con nadie. Y lo más importante: cambia tu forma de mirarte. Empiezas a respetarte de verdad.

Ojo, tener propósito no elimina los problemas. No te convierte en superhéroe. No te da inmunidad contra la vida. Pero te da un eje interno. Te da una base. Te da un «pase lo que pase, sigo aquí, porque esto es mío». Te da estabilidad emocional donde antes solo había improvisación. Y eso, créeme, vale más que cualquier título o nómina.

Si te preguntas: «¿Cómo sé cuál es mi propósito?», la respuesta no está fuera. No está en cursos, gurús ni charlas de quinientos euros. Está dentro. Y surge cuando te haces preguntas incómodas y te das respuestas sinceras. Cuando aceptas que no puedes vivir para cumplir expectativas ajenas. Cuando dejas de intentar gustar a todos. Cuando empiezas a mirarte sin filtros.

Un propósito puede nacer de un dolor, de una pasión, de una injusticia que te remueve, de un talento natural o simplemente de una idea que te hace ilusión. Da igual. Lo que importa es que te haga vibrar. Que no te deje indiferente. Que puedas imaginarte diez años haciéndolo sin sentir que estás desperdiciando tu vida.

Cuando conectas con eso, aunque sea pequeño, aunque sea imperfecto, tu vida cambia de eje. Pasas de sobrevivir a vivir. De reaccionar a decidir. De depender del sistema a construir tu camino. Pasas de ser un espectador de tu vida a ser protagonista. Suena simple, pero es una revolución.

No es necesario que «encuentres tu misión» mañana. Solo quiero que entiendas algo: si sientes vacío, no es que estés roto. Es que no estás alineado. Y cuando lo estás, desaparece el ruido, mejora tu paz, se ordena tu vida y recuperas algo que se te había olvidado: vivir. De verdad. Sin postureo.

6. El capital activista

El líder, guía y ejemplo

Una historia de vestuario unido... hacia su entrenador
o líder

Estaba en un equipo —en mi segunda etapa profesional—
que había apostado fuerte, muy fuerte, económicamente
para subir de categoría. La plantilla no era especialmente
joven, pero sí muy contrastada y, además, buena gente. Un
grupo comprometido, de esos que honran su trabajo cada
día sin que nadie tenga que recordarles nada.

Teníamos un entrenador con una concepción muy defen-
siva del juego. Respetable, porque al final un entrenador es el
líder conceptual: decide cómo va a utilizar las piezas, cómo
combinarlas y cómo mover al grupo hacia los objetivos del
club. Pero ya sabéis cómo funciona un vestuario: veinticinco
personas que desde niños han sido los mejores de su barrio,
los héroes de su familia, con la autoestima necesaria para
salir cada fin de semana a ese circo romano que es el fútbol
profesional. Ese ego bien gestionado suma. Mal gestionado
te crea veinticinco repúblicas independientes.

Si no respetas eso, cada uno hace la guerra por su cuenta. Y como he visto mil veces, cuando en el verde algo empieza a torcerse y no hay cohesión, el equipo entra en modo supervivencia: «la culpa es del otro». Y ahí llega la hecatombe.

El problema era que los resultados no llegaban. No es que no marcáramos goles… es que ni chutábamos. Defensivamente éramos roca, corríamos más de lo que creíamos posible, pero aquello iba a rastras. Íbamos sacando algún punto suelto, sí, pero ese equipo estaba diseñado para ascender. Y no arrancaba.

Si quieres no descender, vale. Cuantos menos goles encajes, mejor. Pero si quieres subir… además de encajar pocos, tienes que marcar muchos. Y ahí estábamos jodidos.

Como los pesos pesados del vestuario éramos profesionales y conscientes de dónde estábamos, en vez de ponernos de lado y esperar a que explotara todo, los capitanes decidimos hablar con el míster. Con respeto, pero de forma clara. Con el fin de sumar. Le trasladamos reflexiones que hoy, como líder, me gustaría escuchar de mi propio equipo: «Míster, así no subimos. Hay que soltar al equipo. Probar otro tipo de entrenamientos. Sacar el balón de otra manera. Tenemos plantilla para ello. Confíe en nosotros». El director deportivo estaba alineado. El míster —entrenador— lo encajó bien… o eso parecía.

Al día siguiente, en la charla previa al entreno, ya le vimos la cara. Aquello olía a collejas. Y llegaron.

«No me voy a andar con rodeos —dijo—. Compañeros suyos me dicen que no les gusta cómo jugamos, que así no subimos, que hay que ser más atrevidos... Después de pensarlo, os digo una cosa: una mierda. Ustedes quieren jugar la pelotita por el suelo, hacerlo bonito, atacar, meter goles...».

Pinchazo directo en la barriga, sin anestesia.

Y remató: «Si jugamos más ofensivos, puede que metamos más goles, sí. Pero seremos menos sólidos. Algún día nos meterán un 3-0. El club se pondrá nervioso. Volvemos a jugar en casa, empatamos contra uno de abajo, luego perdemos dos seguidos... ¿y sabéis qué pasa? Que a mí me echan. Y vosotros os vais a casa jodidos, sí, pero tranquilos, esperando al nuevo entrenador y a la sangre fresca. Así que no voy a arriesgar mi puesto».

Se quedó tan ancho. No habló de lo mejor para el equipo, ni del club, ni de la afición, ni de la economía, ni de las cualidades de la plantilla. No habló ni de su propio estilo. Solo habló de salvar su silla. A tomar por culo. ¡Perdón!

¿Qué pasa cuando el líder —el que lleva el timón de una empresa o de un grupo— pone su interés personal por encima del bien común? Que pierde toda la confianza de su equipo. Toda. Y, sin confianza, el barco se hunde. Empiezan a emerger líderes internos, cada uno tirando hacia un lado. El equipo técnico se divide. El grupo se resiente. El club se fragmenta. Un disparate.

Como podéis imaginar, aquella aventura con el míster duró poco. Lo inevitable pasó y lo cesaron. Tampoco ascendimos. Y fue responsabilidad de todos.

Por eso, cuando lidero proyectos, empresas, productos o acompaño a mis queridos tigres, intento que quede cristalino lo que me mueve. Sí, soy líder, pero al servicio del bien común, del objetivo compartido, de lo óptimo para todos. Marcando rumbo, asumiendo responsabilidades, sin personalismos ni intereses ocultos. Ni míos, ni del equipo, ni de terceros. Esa es la diferencia verdadera: estamos todos en el mismo barco. Y si hacemos agujeros en el casco, nos hundimos todos.

Cada uno debe remar desde lo que mejor sabe hacer, bajo una visión común. Puede que no sea perfecta, puede que no sea infalible, pero está pensada para que ganemos todos. Y eso, en mi experiencia, es lo único que funciona.

Hackear el sistema

Hay una guerra silenciosa. Nos están masacrando. Perdemos. Ganan por goleada hace decenios. Hay un enemigo identificado, aunque es etéreo, como la niebla. El sistema. Aun así, no todo está perdido. Podemos elegir dentro de unos márgenes qué es lo que queremos ser.

Siempre puedes decidir meter el gol del honor o bajar los brazos. Puedes alentar a tu equipo o ir a tu rollo pensando solo en ti. En el fondo, las opciones se reducen a dos: ser una pieza más del sistema o adaptarte y evolucionar para encontrar tu lugar deseado dentro de él.

No cometas el error de pelear por cambiarlo o tumbarlo. Te llevará la vida entera y, en el proceso, te robará la opción de alcanzar cierta plenitud o significado. Parafraseando a la escritora Helen Keller, la pregunta es incómoda: ¿prefieres no ver y vivir en paz, o ver con claridad y asumir el peso de lo que has visto y comprendido?

Yo añadiría una tercera vía, que casi nadie menciona: ver y tomar partido. Dar el máximo. Con convicción y sabiduría. Feliz de lo que acarreen tus decisiones. Olvídate de vivir al margen sin mojarte. Eso es para *hippies* que se colocan en su ladera de la colina para que el *establishment* no les moleste ni ellos a él. Viven en el yo.

A mí me mola más el *rock* duro, el *punk*, golpear la guitarra contra el suelo. Y romperla. Para acto seguido coger una nueva y tocar un *riff* de los que se te caen los pantalones. No aceptar. Rebelarse desde la acción personal y crítica. Cambiar mi mundo y el de los míos. Punto. No soy *hippie*.

Y aquí entra otra idea clave: el problema es que el sistema operativo sobre el que vivimos se está quedando colgado por momentos. Se han visto señales en los últimos tiempos.

Cuando nuestro ordenador se queda congelado, su sistema operativo colapsa. Normalmente lo hace por un exceso de información que no puede digerir ni interpretar. No hay forma de retomarlo. Dios quiera que se haya autoguardado la última versión del documento de trabajo.

En estos casos solo hay dos opciones: golpe seco en el lateral —que casi nunca funciona— o reinicio por las bravas y empezar de cero. Aquí los sistemas nos enseñan algo que se repite constantemente: si reciben información que no pueden digerir, interpretar o descifrar, o si la avalancha supera su capacidad estándar, entonces colapsan.

Y esto, aunque parezca paradójico, es maravilloso. Porque es la única forma que tenemos para rebelarnos contra el *statu quo*. Contra las situaciones que no queremos en nuestras vidas.

Eso sí, no nos engañemos, esta situación no será larga. El sistema volverá e intentará poner parches sobre sí mismo para que no vuelva a ocurrir. Y nosotros estaremos —y debemos estar— obligados a ser constantes y firmes en nuestra decisión de que otra forma de vida es posible. Incluso dentro de la cárcel sin paredes que nos han construido.

Seamos activistas: la rebelión silenciosa

—Pues nada, el mundo es una mierda y nos vamos al garete.

—Voy preparando la cuerda para ahorcarme.

No. Ni de broma.

El mundo es el que es. Siempre ha funcionado bajo las mismas reglas, solo que antes las movían césares, monarcas absolutos, señores feudales y alguna iglesia bastante despistada de sus principios. Ahora, con tecnología y algoritmos, todo está magnificado y acelerado y es más fácil manipularnos.

Pero me niego absolutamente a tener una visión pesimista. Hasta ahora hemos descrito el sistema y su fauna. Vale, era necesario. Pero, amigo y amiga, esto tiene solución. Y cuando la descubres y la aplicas, te aseguro que es hasta bella. Lo es para mí y para los míos.

Vamos a ser activistas del sistema. Vamos a *hackearlo* desde dentro. Sin pancartas, sin gritos, sin quemar contenedores y sin postureos. Con hechos. Con decisiones. Con criterio. Con consciencia. Con autenticidad. Porque cuando se hace por postureo corporativo, para cumplir las ESG[19] de turno o la simple estrategia comercial, dura dos días. Sin apóstoles no hay iglesia. **Y sin verdad no hay revolución.**

Algunas organizaciones ya lo han intentado. Pero lo han hecho copiando mal, desde el viejo espíritu del sistema. Error. Esto solo funciona desde un cambio real de prioridades, desde la valentía y sin obsesionarse con la cuenta de resultados. Primero la persona, luego el capital. No al revés.

Pero ese no es nuestro trabajo —ojalá quienes puedan lo lleven más lejos aunque no tengo muchas esperanzas—. Nuestro trabajo es otro: dar ejemplo, agitar el sistema, sacudir sus cimientos. Ya lo estamos haciendo. Y te aseguro que no lo entienden. Ven que algo se mueve, algo que no controlan. Y se inquietan, porque empiezan a notar que hay personas que ya no quieren ser piezas de su maquinaria, sino protagonistas de su vida.

Tus decisiones pesan más de lo que crees. Mucho más. Cuando decides dónde, cómo y con quién usar tu capital, estás votando. No en una urna, sino en la vida real.

Cuando eliges productos, servicios, empresas, proyectos y causas en función de cómo impactan en la sostenibilidad de tu vida, en tu comunidad, en tu bienestar, en la inclusión, en la creatividad y en la dignidad humana, estás enviando un mensaje mucho más poderoso que cualquier tuit.

19. Por sus siglas en inglés, *Environmental, Social, and Governance.*

Porque no podemos avanzar como humanidad si un tercio vive con privilegios y los otros dos tercios sobreviven, malviven o se llenan de resentimiento. Así no funciona una sociedad sana, ni mucho menos como mundo.

Al sistema, en cambio, le interesa la escasez, el hambre, la precariedad y la polarización. Le interesa que te pelees con tu vecino por tonterías mientras ellos siguen a lo suyo. Cuanto más débiles y divididos estemos, más control tienen. Solo hay que recordar la época del COVID para ver cómo opera el miedo.

Pero atención: esto no va de guerra. No se trata de atacar al sistema desde la rabia. Eso solo te deja sin energía y te convierte en lo que odias. Se trata de enfrentarlo como activista silencioso: con tus acciones, tus decisiones, tu ejemplo y tu criterio. Por una causa muy sencilla y grande al mismo tiempo: **el amor al futuro.**

Aquí aparece una idea profundamente incómoda para el sistema: no necesitas títulos de élite, ni másteres, ni apellidos compuestos para ser libre. Un fontanero, un carpintero, un profesional de la enfermería o un repartidor puede ser infinitamente más libre, pleno y feliz que un director general o un abogado de élite si entiende algo que muchos olvidaron: que su vida no necesita ser el cuento de hadas que nos venden para ser maravillosa.

Ese trabajador que llega a casa cansado, pero con la conciencia tranquila y la mente calma, está mucho más cerca del equilibrio que quienes viven atrapados en interminables responsabilidades, sueldos altos y vidas vacías. Porque este trabajador sabe lo esencial: quién es, qué quiere, qué necesita y qué no. Y, sobre todo, que la felicidad está en lo vivido, no en lo exhibido.

Vivimos en una sociedad que nos empuja a aparentar. La generación que viene detrás está secuestrada por la necesidad de demostrar estatus 24/7. Cenas aburridas que en Instagram parecen mágicas. Vacíos emocionales camuflados con filtros. Textos inspiradores que no sienten ni quienes los escriben. Todo para mantener el teatro. Ya no persiguen sueños reales, persiguen validación digital.

Hemos cambiado la vida por la foto. La experiencia por la pose. El disfrute por el «contenido». ¿Y el resultado? Una epidemia silenciosa de ansiedad, desconexión y vacío. Se habla mucho, se publica mucho, se exhibe mucho... pero se vive poco.

Y la gran pregunta, la que incomoda de verdad, es esta: ¿merece la pena vivir para la foto en vez de para la experiencia? La real, la que nos nutre.

Esa es la rebelión silenciosa.

Ese es el activismo real.

Ese es el camino del Capital Trascendente.

Hackear el sistema... empezando por uno mismo.

Nace Ariete Wealth Management

Tuve una carrera profesional futbolística que duró veinte años. De los diecisiete a los treinta y siete años. Una trayectoria inusual, nada típica, con cicatrices. Y precisamente fueron esas heridas las que me dieron la capacidad de observar, cuestionar, ser crítico y detectar fallos que muchos ni siquiera veían. Empezando por mí y siguiendo por el entorno.

Había algo, sin embargo, que siempre me descolocaba. Yo fracasé, desaparecí... y volví. Tuve una segunda oportunidad, me la gané y la exprimí. En cambio, otras muchas carreras se quedaban por el camino. Gente válida, que se rompía a mitad de camino, con el drama personal y vital que eso suponía.

Y luego estaba el caso más complicado. El del jugador que tenía éxito. Ese es el que más me interesaba: jugadores que triunfaban, que lo lograban todo... y aun así fracasaban a la hora de trasladarlo a su vida. Eso fue lo que realmente me marcó. Porque veía que, incluso cuando el futbolista alcanzaba lo más improbable —ese éxito deportivo que solo una minoría alcanza—, había un porcentaje alto de fracaso personal: económico, emocional, vital, de propósito.

La mayoría de las veces no era por su culpa, sino por cómo estaba montado el sistema. Un sistema al que entras sin manual de instrucciones y que te lleva por los caminos del deseo y la superficialidad.

Aquí quiero romper un tópico en favor de los futbolistas —y en general de cualquier persona— porque ya está bien del discurso facilón. No se toman malas decisiones financieras o vitales por ser inconsciente o caprichoso, sino porque nunca nos enseñaron educación financiera. El sistema no quiere que la tengamos. No le interesa. Pero nos obliga a vivir en un mundo diseñado por y para el capital sin entender sus reglas.

Por eso me rebelo contra la caricatura del futbolista. Es injusta y falsa. Cualquiera que reciba dinero súbito —una lotería, una herencia, la venta de una empresa— tendría los mismos problemas. Sin preparación, el riesgo que corres es enorme. La culpa no es de la persona, sino de la falta de formación. Y esa formación solo puede venir del sistema o de nosotros mismos tomando las riendas. Como no confiamos en el sistema, pues lo haremos por nuestros medios.

Durante mi segunda etapa como jugador, desde que reemprendí mi carrera con veinticuatro años, me convertí en un friqui absoluto. Del fútbol, sí, pero también de la economía. De todo lo que tuviera que ver con patrimonio, riqueza, riesgos, sistemas financieros, fiscalidad, psicología económica, mercados. Una obsesión sana, o no tan sana, pero útil.

Los sábados, en los viajes de equipo, yo iba con mis periódicos deportivos... y con *Expansión, Cinco Días* y algún libro formativo o espiritual. Lo compensaba como podía.

Esa herida del fracaso a los veinticuatro me había dejado un sesgo muy marcado: el de escasez. No quería volver a sentirme tan vulnerable. Así que estudié lo que no pude estudiar cuando tocaba. Me saqué BUP y COU[20] a distancia

---

20. Para los más jóvenes: el BUP y el COU eran el sistema educativo previo a la ESO y el Bachillerato actual. El BUP (Bachillerato Unificado Polivalente) duraba tres años y el COU (Curso de Orientación Universitaria) era un cuarto año que te preparaba para acceder a la universidad. No había plataformas en línea, ni vídeos explicativos en YouTube, ni PDF mágicos. Estudiabas con

en medio de viajes, entrenos y cambios de ciudad. No había clases en línea como ahora; me lo saqué a la antigua. Con libros que eran tochos. Pero lo saqué. Y seguí. Me matriculé en la universidad a distancia y me licencié en Ciencias Empresariales. Con treinta y pico años, ahí estaba yo con mi título universitario. Pantalla desbloqueada.

A partir de ahí no paré. Y no pienso parar. Formarme es una de mis pasiones, pero siempre con la convicción de convertir el conocimiento en acción. El conocimiento sin acción es ruido. La sabiduría es otra cosa: saber qué hacer con ese conocimiento y dónde colocarlo en tu vida.

Mi formación autodidacta se volvió intensiva, casi obsesiva. Bajé a madrigueras profundas donde voces del sistema y voces disruptivas hablaban de economía, geopolítica, *real estate*, *private equity*, psicología del inversor, regulación, mercados, ciclos, fiscalidad... Era un océano. Y me metí hasta el fondo. Con los años entendí que necesitaba una visión de 360° para comprender a una persona, su patrimonio y su relación en su totalidad. Y entendí también que la economía sin alma no sirve. Que necesitaba la otra pata: la filosofía, la psicología, la espiritualidad, el tao, la conducta humana. Yin y yang. La una sin la otra no tienen sentido ni un efecto real en las personas.

---

libros físicos, apuntes fotocopiados y llamadas desde cabinas telefónicas. Si suspendías, repetías. Y si querías sacártelo a distancia mientras viajabas y entrenabas, como fue mi caso, era básicamente una prueba de resistencia mental. Otra época. Otro ritmo. Y, desde luego, otro tipo de disciplina.

No creo que lo entendáis, *establishment*.

Vuelvo a Barcelona en junio de 2008. Me quedaban una o dos temporadas en activo. Había disfrutado más de diez años del fútbol otra vez, por fin. Y quería cerrar mi carrera como la empecé: simple, jugando, sin presión, sin imposiciones. Como cuando bajaba al parque con mi hermano. Solo disfrutar, dejarme el alma y poco más.

Había tenido una carrera larga, apasionante y no convencional. Había ahorrado e invertido con sentido. Podía permitirme un «día después» tranquilo. Para alguien que siempre se consideró un jornalero del fútbol, acabar con tranquilidad económica era un éxito enorme. Vivir una vida normal. Sin tonterías. Con la seguridad de que mi familia estaría bien. Y ahí estaba lo importante: yo sabía lo que quería hacer al retirarme. Mi día después tenía un propósito. Ayudar, guiar a los míos.

Ayudar a mis compañeros. Ayudar a que carreras exitosas no acabaran en situaciones complicadas y las menos exitosas tuvieran la mejor de las segundas oportunidades. Ayudar a que los errores que tanto dolor me costaron no se repitieran en los demás. Lo tenía grabado a fuego. El «cómo» no lo sabía, pero las piezas ya estaban sobre la mesa. Solo tenían que encajar.

Decidí entonces que, aunque mi formación autodidacta me había dado mucho, necesitaba también una parte académica más formal. Quería entender desde dentro cómo funcionaba el sistema. Qué hacía el *establishment*. Porque, para hackear algo, primero tienes que entender sus reglas.

Así que en septiembre del 2008 me matriculé en un máster de altas finanzas mundiales, uno de los mejores de España.

Situémonos en 2008. El 15 de septiembre quiebra Lehman Brothers. Ese mismo año había caído antes el banco estadounidense Bear Stearns. Se desata una crisis financiera global gigantesca. La burbuja inmobiliaria en Estados Unidos explota. Se contagia a Europa. Se hunde el sistema bancario. Se tambalea la solvencia de los Estados. El mundo en llamas. Perfecto para estudiar los mercados financieros, ¿no?

Lo fue. Porque estudiaba la teoría mientras el mundo demostraba que la teoría no estaba funcionando. Profesores brillantes —muchos en activo— explicaban los modelos de control de riesgos, y acto seguido decían: «Esto ahora mismo no sirve».

Taleb lo llamó «cisne negro».[21]

Era apasionante.

Me impliqué tanto que gané el premio al alumno mejor valorado del curso. El premio consistía en un curso de valoración y control de sistemas de riesgos en una institución estadounidense. Aquí viene la «broma»: ese curso enseñaba el método de control de riesgos que había fallado estrepitosamente y no había detectado los riesgos de una crisis de tremendo tamaño.

---

21. El concepto de «cisne negro», desarrollado por Nassim Nicholas Taleb, hace referencia a eventos imprevisibles y de gran impacto que los modelos tradicionales no saben anticipar.

No lo cursé. ¿Qué me iban a enseñar? ¿A repetir sus errores? Gracias, pero no.

Mi tesis fue definir y diseñar la solución que buscaba para ayudar a mis compañeros, pero en un formato de proyecto y empresa. Tal cual: estructura legal, servicios, modelo, filosofía, metodología... todo. Hubo profesores maravillosos que me apoyaron... y un par que me dijeron: «Eso es imposible», «¿Quién va a confiar en ti?», «No es realista». Desde aquí, gracias. Fuisteis gasolina para mí. Esos fueron los cimientos de lo que un año después sería la constitución de mi empresa.

Así, el 21 de septiembre de 2009 nació oficialmente Ariete Wealth Management.

En todo este camino, la persona más importante —aparte de las personas que confiaron y confían en mí como su guía y consejero— fue Fernanda González, CEO de Ariete WM. La que creyó en mí sin dudar. La que estuvo cuando Ariete no era más que una idea frágil que empezaba a caminar. Ella siempre estuvo ahí, empujando, sosteniendo, construyendo, creyendo con una fe ciega no solo en Ariete, sino en su misión y en el impacto real que podía tener en nuestros líderes y en la sociedad.

Fernanda se incorporó a Ariete para darme apoyo cuando éramos tres personas con ella, prácticamente en una de sus primeras experiencias laborales. Pero desde el primer día dejó claro que a capacidad de trabajo, mejora y talento no le ganaba nadie. No pedía protagonismo; pedía responsabilidad. No buscaba reconocimiento; buscaba excelencia. Y así fue creciendo. Paso a paso. Sin ruido. Hasta convertirse en CEO de Ariete y en mi alter ego profesional.

Lo digo con absoluta sinceridad: sin ella, Ariete nunca habría sido posible. Gracias.

Ariete, el proyecto que nació de mis cicatrices, dudas, errores, aprendizajes y convicción absoluta de que el éxito profesional no sirve de nada si tu vida no te acompaña con el mismo nivel de realización. El proyecto que nació para ayudar a otros a no perderse en el camino. Para hackear el sistema desde dentro. Para poner al ser humano —no al capital— en el centro.

Ariete no nació como una empresa. Nació como una misión.

Ariete, el capital con alma

Ariete es, en esencia, la aplicación práctica del Capital Trascendente, con un foco muy específico en atletas de élite. Porque una filosofía, por muy potente que sea, no sirve de nada si no se baja a la tierra. El conocimiento sin uso se queda en discurso; la sabiduría aparece cuando aplicas ese conocimiento cada día. Eso es lo que hace Ariete: convertir un sistema de pensamiento en una forma real de vivir.

El método trascendente —**las cuatro fases del círculo trascendente: personal, económica, social y vital**— cobra vida con cada persona que entra en Ariete. No hablamos de teoría, sino de acompañar a alguien a recorrer ese camino con criterio, orden y propósito. En Ariete aterriza quién eres hoy, quién quieres ser y cómo debe alinearse tu capital con esa dirección para que tenga sentido.

Nuestro trabajo consiste en caminar junto a las personas —en Ariete lo llamamos **Líder**— mientras atraviesa todas las fases de la trascendencia. He aquí el camino:

1. Empezamos con lo más importante: **entender su plan personal**: sus valores, deseos y objetivos. Qué vida quiere construir y qué quiere evitar.
2. Desde ahí **diseñamos** el **plan económico**, dándole estructura, protección, eficiencia y libertad. Nada de volverse loco ni de copiar al sistema: se construye pensando en la persona, no en la moda del mercado.
3. Después llega el **impacto social**: ayudar a definir cómo esa persona quiere relacionarse con el mundo, a quién quiere ayudar y de qué manera.
4. Cuando los tres primeros pasos están claros, acompañamos la parte más difícil: **la trascendencia vital**. Encontrar dirección, propósito y claridad. Definir qué hacer con la vida cuando ya tienes las herramientas y la libertad para decidir. Definir los pasos para cuando se produzca el tan temido «día después», que todo esté ordenado según el plan y tengamos la claridad necesaria para pintar la nueva vida que empieza.

Ariete está para eso: para poner el foco siempre en los sueños y objetivos del Líder. En su bienestar, su libertad y su evolución. Somos consejeros, no vendedores. Nos toca evaluar opciones, riesgos, ruido externo, situaciones de mercado y cambios en el sistema, y filtrar todo para que la persona pueda vivir tranquila y avanzar en su camino sin perder el norte.

Ariete no pretende cambiar el sistema entero, pero sí demostrar que se puede vivir dentro de él sin convertirse en su esclavo. Que existe el capital con alma, criterio y propósito. Que se puede ayudar a las personas a encontrar plenitud y no solo resultados.

Por eso digo que Ariete no es una empresa más. Es la cristalización de un sistema nuevo. El lugar donde el Capital Trascendente deja de ser una idea y se convierte en realidad.

Acompañamos en el camino. Ordenamos. Planificamos. Protegemos. Ejecutamos. Y, al final, conseguimos lo que de verdad importa: personas que viven más libres, más conscientes y plenas con el fin de alcanzar sus objetivos y sueños.

Wealth VIDA Planning

Wealth VIDA Planning (WVP) es el método aplicado de Ariete, la manera de recoger toda la filosofía del Capital Trascendente, adaptar su metodología a sus necesidades y ejecutarla en personas de forma directa. Todo, para un colectivo muy determinado: atletas de élite. El propio nombre del método dice muchísimo de las intenciones.

- **Wealth**: hablamos de la riqueza, del capital.
- **VIDA**: ¿para qué? ¿Cómo se usará y con qué destino? La mejora vital de la persona.
- **Planning**: sin planificación ni ejecución no tendremos camino a recorrer. Es el mapa que surge de cada caso concreto y que permite recorrer, con criterio y orden, ese proyecto vital.

WVP, la riqueza al servicio de una vida más plena mediante un camino bien definido.

Nada de discursos abstractos ni espiritualidad colgada en la pared. Aquí se aplica. Aquí se ejecuta. Aquí se vive. Es el método con el que ayudamos a las personas a recorrer las cuatro trascendencias de verdad, con efectos reales y medibles en sus vidas.

Decimos que es un camino porque lo es. Un recorrido que empieza en lo más íntimo —quién eres, qué quieres y cómo quieres vivir— y termina en lo más elevado: qué significado tendrá tu vida cuando mires atrás dentro de veinte o treinta años.

El WVP es la hoja de ruta, la brújula y el faro. Da igual por qué paso del camino te encuentres: todo está conectado. Nada ocurre al margen de lo demás. Porque el método funciona así: lo personal condiciona lo económico, lo económico condiciona lo social, lo social condiciona lo vital y lo vital te empuja de nuevo hacia lo personal. Todo es un círculo. Un enso sin fin.

- **Lo personal**

Para analizar lo personal, no nos vale con respuestas rápidas de manual. Por eso diseñamos nuestro propio instrumento: el **test de sueños**. No es un cuestionario al uso. Son una serie de preguntas para remover, para incomodar, para obligar a parar y mirar hacia dentro. Un test que hemos afinado durante años.

Preguntas simples y brutales a la vez. Qué te mueve, qué te duele, qué te ilusiona, qué sueñas, qué evitarías a toda costa, quién quieres ser dentro de diez años, qué quieres dejar atrás, qué esperas que digan de ti, qué esperas de Ariete, entre otras muchas. Suelo decir que es el único test donde no te puedes copiar del de al lado porque da igual: al final las respuestas te explotan a ti.

- **Lo económico**

En la parte económica entramos con una mentalidad muy clara: **mente abierta y pensamiento propio**. Sin dogmas del sistema. Sin intereses ocultos. Llevamos desde 2008 viendo las miserias del sistema y sus manipulaciones. Lo hemos visto todo. Nos hemos reído mucho. Y hemos llorado un poco también. La conclusión siempre es la misma: criterio, pensamiento propio y fidelidad al plan.

Por eso el WVP no se deja manipular por el ruido del sistema. En esta parte del camino analizamos, cuestionamos, desmontamos y reconstruimos. Traducimos la economía a lenguaje humano. Diseñamos estructuras sostenibles, eficientes y simples. Protegemos el patrimonio desde el sentido común, la transparencia y la técnica.

Y, sobre todo, formamos al líder para que entienda qué está haciendo y por qué lo está haciendo. Porque, si no lo entiende, no hay libertad. Y si no hay libertad, no hay trascendencia.

- **Lo social**

En la fase social, la mayoría se sorprende porque casi nadie les había explicado que la realización personal no acaba en uno mismo. En este punto **hablamos del impacto, de la huella**, de la responsabilidad y de lo que devolvemos al mundo sin esperar nada a cambio.

En Ariete no obligamos a nada, pero sí enseñamos el camino. Explicamos por qué una vida sin una dimensión social siempre queda coja. Compartimos experiencias reales y abrimos puertas. Entrar es decisión de cada uno, pues cada uno aporta desde su capacidad, su corazón y su propósito, pero aporta. Y esa es la clave. Damos la oportunidad de participar en algo real y trascendente de verdad:

- Fundaciones y ONG con proyectos sólidos.
- Gate for Children Foundation, cuyo objetivo es la mejora presente y futura de niños en situación vulnerable.
- Proyectos de Ariete Social, desde donde ayudamos a otros atletas y entidades que no tuvieron éxito, que quedaron fuera del sistema o quieren mejorar sus herramientas.

- **Lo vital**

Esta última fase es la famosa del «**día después**», ese momento en que muchos atletas se asoman a un abismo porque su identidad profesional se apaga de un día para otro. Aquí hacemos un trabajo parecido a una orientación laboral, emocional y estratégica, pero con un enfoque muy humano. Revisamos cualidades, talentos, áreas de interés, formaciones posibles, caminos nuevos, transiciones y vida real. Acompañamos a la persona a construir su nueva identidad. A reordenar su vida. A poner nombre a su propósito. A recuperar la ilusión por lo que viene después del escenario, del campo o del vestuario.

Y esto es importante: **cuando un líder entra en Ariete, entra para toda la vida.** No es un servicio puntual. No es una gestoría. No vende seguros, ni fondos, ni humo. Somos compañeros de camino, consejeros. Somos el equipo que acompaña a alcanzar la trascendencia en cuatro pasos de forma consciente, ordenada y saludable.

Y funciona.

Hoy estamos impactando a más de doscientos atletas y familias. Personas reales, con historias propias, vidas complejas, vulnerables, extraordinarias y retadoras. Lo hacemos desde la cercanía, la claridad y la convicción absoluta de que el capital —bien entendido— puede cambiar vidas y mejorar la sociedad.

No hacia el ego, sino hacia la plenitud.

PARTE 3
El Capital Trascendente

7. El nuevo sistema económico y vital

Querido lector. No quiero que te quedes con la sensación de frustración ni con la idea de que aquí no hay salida posible. No quiero que cierres estas páginas pensando: «Vale, todo está roto, nada depende de mí y este sistema es una mierda». No. Para nada.

Al contrario.

Quiero encenderte una chispa. Una llama pequeña, pero poderosa. Quiero que sientas, aunque sea por un segundo, que sí puedes darle la vuelta a tu vida. Que puedes retomar el control. Que puedes elevarte a un nivel de realización superior al que jamás te han contado en la escuela, en el trabajo o en Instagram.

Porque, aunque el sistema sea enorme y tú te sientas pequeño, tienes algo que nadie puede quitarte: tu capacidad de decidir. Tu capacidad de pensar, de actuar y de empezar de nuevo. Tu vida sigue siendo tuya, incluso cuando todo alrededor parece diseñado para distraerte y arrastrarte.

Y esto no va de quemarlo todo, ni de recluirte en una montaña o renunciar a tu mundo. Va de algo más sencillo y profundo: va de cambiar desde dentro. De cambiar tu forma de ver, de sentir y de elegir. De cambiar tus prioridades, la manera de usar tus recursos, tiempo y energía.

Quiero que entiendas que, aunque no podamos arreglar el sistema entero, sí podemos arreglar nuestro mundo. Y, cuando lo haces, el de los tuyos cambia automáticamente. Y, cuando cambian muchos, el sistema, ese monstruo que parece intocable, empieza a moverse. A adaptarse. A ceder. A abrir huecos.

Por eso este libro no es un lamento. No busco solo la crítica. Es un mapa, una solución, un comienzo. No es un diagnóstico fatalista, sino una invitación a la acción consciente.

Si hoy estás cansado, perdido o frustrado, te lo digo desde el corazón: no es un final. Es un punto de partida. Y si te comprometes contigo, con tu calma, con tu propósito y con tu libertad interior, la vida te va a responder. Siempre lo hace.

Lo que viene ahora es un camino real, práctico, posible y transformador. Y tú puedes caminarlo. Si quieres, lo recorremos juntos. Es el camino del Capital Trascendente, un nuevo sistema económico y vital en el que el capital surge como medio para trascender en la vida y en el mundo. Un nuevo paradigma que nace como transformación de un sistema obsoleto y esclavista de las personas. Un camino de iniciación y liberación personal y, por extensión, social.

El Capital Trascendente pivota en tres cimientos indispensables y relacionados: consciencia, capital y trascendencia. En los siguientes apartados, vamos a profundizar en ellos.

Vamos a desgranarlos de uno en uno para luego ensamblarlos en la gran solución. Lo haré desde mis conocimientos y, sobre todo, desde mi experiencia. Como un legado que quien quiera puede coger o rechazar de forma pacífica.

Let's go.

¿Qué es la consciencia?

Empecemos viendo qué nos dice el *Diccionario de la lengua española (DLE)* de esta bella palabra, *consciencia*:

1. Conocimiento inmediato o espontáneo que el sujeto tiene de sí mismo, de sus actos y reflexiones.
2. Capacidad de algunos seres vivos de reconocer la realidad circundante y de relacionarse con ella.
3. Conocimiento reflexivo de las cosas.
4. Facultad psíquica por la que un sujeto se percibe a sí mismo en el mundo.

Maravilloso. Por lo tanto, tenemos una acción muy introspectiva e interna que afecta tanto a la percepción de que somos algo como a la valoración de las acciones, situaciones y decisiones que tomamos como individuos en el mundo exterior.

Qué fácil se entiende y qué lejos lo tenemos de nuestro día a día, lleno de cosas urgentes e importantes. Lleno de trabajo que no puede esperar. Lleno de ruido y de cosas prioritarias que mañana no habrán tenido ninguna importancia en nuestras vidas. Con tan poca paz, sosiego y reflexión.

Personalmente, me gusta definir la consciencia desde dos ángulos:

- Desde una visión interna, consciencia sería la capacidad para percibirnos a nosotros mismos como seres, nuestras cualidades y defectos, entender cómo pensamos y razonamos, qué sentimos o qué hacemos y por qué. Qué parte ocupamos en el mundo. Y, sobre todo, ejecutar un espíritu crítico de si esa es la persona que queremos ser. Si esa es la persona con los valores y actitudes con la que nos identificamos. Si esa es la persona que vino a este mundo a tener su propia historia personal y dejar una impronta, un legado, un significado.
- Luego está la visión externa, la del mundo ahí fuera. Esa persona con la que, nos guste o no, tenemos que convivir, interactuar y mover ficha. Y menos mal, porque somos animales sociales. Olvidémonos de vivir como un maestro zen metido en una cueva, aislado del resto de humanos. Eso es una fantasía romántica que no sirve en una vida real. El ser humano necesita vínculo, comunidad, roce, conflicto, cariño, cooperación. Nuestra plenitud pasa por equilibrar esa faceta social: lo cercano y lo lejano, lo íntimo y lo colectivo.

La visión externa de la consciencia nace cuando abrimos los ojos de verdad. Cuando hacemos un análisis crítico y honesto, sin excusas ni autoengaños, de cómo está montado el sistema, la sociedad y nuestra propia vida dentro de ese tablero. Desde esa claridad debemos preguntarnos: ¿esto está alineado con la vida plena y con el significado que quiero vivir? Ese momento es un despertar. Un cambio de foco. Un «clic» interior. Empiezas a ver los colores de la vida... pero sin ayahuasca, ni viajes chamánicos, ni flautitas de fondo.

Consciencia pura: alma y cabeza alineadas. Corazón y cerebro hablando el mismo idioma.

Mi ejemplo personal de toma de consciencia

Os cuento a continuación un ejemplo de toma de consciencia y de criterio obligada por las circunstancias.

Con veinticinco años, recién reincorporado al mundo del fútbol, tuve un problema en la rodilla. Me dolía siempre, de una forma constante y brutal. Apenas podía entrenar. Fui a un especialista, uno de los mejores de España en rodillas, y su diagnóstico fue directo: tenía un problema de cartílago y, si la situación no revertía, debía prepararme para dejar mi profesión de futbolista.

No había remedio. Tenía veintiséis años. Me quedé en *shock*. No podía entender —se lo preguntaba a él, me lo preguntaba a mí mismo y se lo preguntaba a la vida—: ¿cómo era posible que justo dos años antes hubiera sido capaz de volver al fútbol, de darlo todo, de ser máximo goleador de la liga... y ahora me dijeran que tenía muchas probabilidades de retirarme porque, en aquella época, ese tipo de lesiones no tenían solución?

Me arrasó.

El tratamiento que me propuso fue el clásico: un cóctel de medicamentos que destrozan el estómago, fisioterapia convencional y hielo. Poco más.

¿Qué hice yo? Pues, con los medios de aquella época, me estudié todo lo que existía relacionado con rodillas y cartílagos. Sabía perfectamente que nunca sería médico, ni alcanzaría sus conocimientos, ni se me ocurriría cuestionar su saber clínico. Respeto profundamente la profesión de cada uno. Pero era mi rodilla y era mi vida, y yo quería tener la máxima información posible. La otra alternativa, la retirada profesional, siempre iba a estar disponible.

A medida que investigaba, entendí qué me pasaba, cuáles podían ser las causas y, sobre todo, descubrí algo que fue clave: todo era muy ambiguo. Había pocas certezas.

Un segundo especialista me propuso operarme para ver el estado real del cartílago y actuar de forma preventiva. Pero la recuperación de esa operación se alargaba casi un año. Antes de asumir ese camino, decidí probar otros métodos basándome en las conclusiones que había sacado: en los problemas de cartílago no existía ningún patrón claro.

Algunos jugadores se recuperaban bien, otros arrastraban la lesión toda la carrera, otros se operaban y volvían, pero perdían su nivel, y otros tenían que retirarse. No era exactamente una ruleta, pero casi. Eso lo entendí porque dediqué horas a formarme, aunque fuera a un nivel básico.

Recuerdo una llamada con mi padre y madre. Yo estaba llorando, derrotado, dispuesto a tirar la toalla. Mi padre me dijo algo que me atravesó:

—Ya lo teníamos perdido todo hace dos años, así que este no puede ser el final que te tienen guardado. Échate la manta a la cabeza y sigue adelante. Entrena. Sufre. Sigue el tratamiento conservador. Confía en ti y en tu historia. Va a salir bien.

Supongo que es como cuando uno está a punto de entrar en combate para defender a su pueblo y a su familia. Noté cómo algo se encendía dentro, una energía interna que subía y me aceleraba, dándome la fuerza de quien sabe que no tiene nada que perder. Decidí hacerlo así. Y así lo hice.

Sufrí muchísimo. Los servicios médicos no me entendían. Desde su lógica, y con buena intención, pensaban que al seguir entrenando me estaba destrozando la rodilla. El entrenador no contaba conmigo porque era casi un cojo, y el equipo se jugaba subir de categoría. Pintaba menos que el encargado de pintar las líneas del campo.

Pero persistí. Me aislé. Me conecté con la vida, con mi propósito, con la trascendencia que para mí tenía seguir jugando al fútbol. Con lo que significaba para mí disfrutar del campo, del balón, del vestuario.

Y ocurrió un milagro —se llaman así porque nadie puede explicarlos del todo—.

El dolor empezó a bajar. Comencé a entrenar con más comodidad. Recuperé sensaciones. Convencí a los médicos de que estaba en condiciones de jugar. Empecé a llamar a martillazos a la puerta del entrenador para que me diera una oportunidad. Y mis compañeros me respetaban profundamente por esa fe ciega en volver a unirme a la causa y poder aportar. Y pasó.

Me convocaron para un partido después de estar prácticamente desahuciado. Con el marcador empatado, el míster me llamó y me sacó en los últimos diez minutos. Hubo un centro al área, salté y marqué el gol de la victoria.

En el siguiente partido, otra vez, desde el banquillo, volví a marcar.

Me rodeó un aura de misión. Esa energía que aparece cuando sabes que no hay plan B. Cuando recuerdas de dónde vienes, cuánto te costó llegar a ese punto y entiendes cuál es tu camino.

El entrenador me puso de titular. Acabé la temporada con veinticuatro goles y fui el máximo goleador de la categoría, pese a haberme perdido casi un tercio del campeonato. Y estuvimos a un minuto de subir de categoría; lamentablemente, no pudo ser.

¿Por qué cuento todo esto?

Porque si no hubiera tenido espíritu crítico, si no hubiera tenido un plan personal claro, si no hubiera confiado en la vida y, sobre todo, si no hubiera dedicado horas a formarme para entender mi problema y las distintas soluciones que me proponían, jamás habría podido tomar mis propias decisiones.

Aunque me hubiera equivocado eligiendo una de las propuestas, habría sido mi decisión. Con lo bueno y con lo malo. Actué desde la consciencia y los actos que acarrean.

Esa lucidez te da una fuerza brutal. Pero no nos engañemos: no es un proceso agradable ni bonito. No hay nirvana. No hay estrellitas. No hay «namasté» cada dos minutos. Nada de eso.

Eso es para *hippies*.

Este proceso es duro. Es para valientes y para quienes se atreven a mirarse al espejo. Para tigres que son capaces de ver más allá del humo y del circo que las élites han montado durante décadas. Es doloroso darte cuenta de que la mayoría de lo que dabas por sentado no era tuyo: era aprendido, impuesto o directamente diseñado para que no pensaras demasiado.

La fase de despertar es incómoda, incluso triste por momentos. Pero es necesaria. Es el paso cero.

Sin él, no puedes empezar el camino del Capital Trascendente. Porque este camino exige saber desde dónde partes, qué te sobra y qué te falta, qué te han metido en la mochila sin tu permiso y qué sí forma parte de tu esencia.

Después vendrá la acción, la transformación, los cambios radicales (pero amorosos) en tu forma de vivir. Esa es otra fase. Más desafiante, más práctica, más comprometida. Pero no puedes llegar a ella sin pasar por esta antes.

Lo que sí te aseguro es que, una vez que cruzas esta puerta, la recompensa es gigantesca. Te acompaña toda la vida. Cambia tu manera de ver, de elegir, de trabajar, de amar, de relacionarte, de usar tus recursos y de caminar por el mundo. Te da una claridad que ya no te pueden quitar. Una fuerza interna que no depende de nada externo. Una manera de estar en la vida que antes ni imaginabas.

Y ahí, créeme, es donde empieza de verdad tu vida trascendente.

El capital (y sus diferentes versiones)

Ya hemos definido la consciencia. Sigamos ahora indagando sobre qué es el capital. Habitualmente, cuando se habla de capital, se hace desde una óptica estrictamente económica, vinculada al movimiento capitalista y a su lógica de funcionamiento. Vayamos a ver qué dicen las definiciones del *DLE*.

En su forma de término aislado me quedo con las siguientes acepciones:

- Adjetivo: principal, esencial, primordial, fundamental, vital, primario, básico.
- Economía: conjunto de activos y bienes económicos destinados a producir mayor riqueza (económica, apuntaría yo).
- Derecho: cantidad de dinero que se presta, se impone o se deja a censo sobre una o varias fincas, sobre todo cuando es de alguna importancia.

Por lo tanto, vemos que el *DLE* le concede claramente un fin materialista. Yo aquí disiento por simplista. Con los máximos respetos, claro. Pero falta alma.

Siguiendo con el término *capitalismo*, veamos la definición del *DLE*:

• Sistema económico basado en la propiedad privada de los medios de producción y en la libertad de mercado.

Como vemos, en esta definición no hay rastro del ser humano. Solo cosas. Materia. Nada de metas o niveles personales objetivos. Está al servicio del sistema. Esto se relaciona con mi aversión a los ismos, de la que ya hemos hablado en otros capítulos.

Esto es lo que el sistema —a través de sus teorías y formación académica— nos ha inculcado y aplicado a la economía: seréis más felices cuanto más útiles seáis al sistema, más produzcáis y mayor sea el PIB del país.

La propaganda siempre ha funcionado igual: simplicidad y repetición machacona hasta que la damos por buena sin cuestionarla. Cuando consiguen que la hagamos nuestra, ya han ganado la guerra.

Pero no es así. Al menos no desde la visión del Capital Trascendente.

Esta definición de capital no trasciende ni la sala de estar de una casa. Solo trasciende a que las élites mantengan su posición y para que el resto vayamos quedando, poco a poco, más abajo. Pero esto se acabó.

Seguimos.

La concepción de capital varía mucho si afinamos la mirada. Porque no existe un único tipo de capital, ni mucho menos solo el económico. Como seres humanos y como sociedad contamos con muchos otros recursos igual de determinantes. Aquí algunos —no todos—, pero sí los más relevantes:

1. **Capital financiero:** es el más conocido. Se refiere al dinero, las inversiones, los activos o propiedades que una persona o empresa tiene. Es el recurso que usamos para crear más valor o más riqueza material.

2. **Capital psicológico:** es el que llevamos dentro. La confianza, la motivación, la resiliencia, la actitud. La energía emocional que sostiene todo lo demás.

3. **Capital cultural:** tiene que ver con lo que sabemos, lo que aprendemos y lo que nos forma como personas. La educación, las tradiciones, el arte, los valores... todo eso define cómo pensamos y actuamos en el mundo.

4. **Capital tecnológico:** es la suma de la innovación, las herramientas digitales, los conocimientos técnicos y las patentes que permiten avanzar. Es el capital que acelera el cambio.

5. **Capital social:** es el valor de las relaciones. Las conexiones, la confianza y las redes que construimos con los demás. Es la fuerza invisible que abre puertas, genera oportunidades y permite que las cosas pasen.

6. **Capital político:** tiene que ver con la influencia y la capacidad de decidir. Es el poder de participar, de influir y de mover las cosas dentro del sistema.

7. **Capital físico:** son los bienes materiales que permiten

crear y producir: máquinas, oficinas, edificios, herramientas... todo lo que usamos para poner en marcha una idea.

8. **Capital intelectual:** son los activos intangibles que generan valor: ideas, marcas, conocimiento propio, métodos o procesos. Es lo que diferencia a una empresa o persona del resto.

9. **Capital humano:** son las personas. Su talento, sus conocimientos, su experiencia y su forma de hacer las cosas. Es el motor real de cualquier proyecto, porque sin las personas idóneas no hay nada que funcione.

10. **Capital natural:** es la base de todo. La tierra, el agua, el aire, los minerales, la biodiversidad. Son los recursos que sostienen la vida y la economía. Sin ellos, ningún otro capital tendría sentido.

Por lo tanto, mi definición ideal de *capital* es más humanística, menos esclava de fines materiales y mucho más holística. Una visión que no persigue acumular por acumular, sino orientar todos los capitales (económico, emocional, espiritual y social) hacia un objetivo nítido: **la realización personal y vital.**

El capital, en su sentido más amplio, es la suma
de las cualidades, herramientas y recursos
(materiales e inmateriales) que tenemos como personas
o como comunidad para crear valor y transformar
nuestra realidad.

Respiremos profundo tres veces.

Ommmm.

Leamos de nuevo, por favor.

Seguimos.

Por lo tanto, ya hemos identificado una parte importante del Capital Trascendente.

Ahora toca preguntarnos: ¿**con qué contamos realmente para recorrer el camino que queremos?**

Verás que no es poco.

A estas alturas deberíamos tener claro:

- Qué es la **consciencia**.
- Qué es el **capital** y para qué y cómo lo usaremos.
- Que la **trascendencia** debe ser nuestro destino como ser humano.

Para saber:

- **Qué** queremos ser y **cómo** queremos vivir.
- **Cuándo**: si la transición hacia esa vida será repentina o gradual.
- **Dónde**: siempre dentro del sistema, pero hackeándolo desde dentro, sin convertirnos en sus títeres.
- **Cómo**: utilizando todas las herramientas que nos ofrecen los distintos tipos de capital (económico, emocional, espiritual y social) a nuestro favor.

¿Qué es la trascendencia?

Trascendencia procede del verbo trascender. Una palabra con una potencia y profundidad que no dejan de sorprenderme y en la que no ceso de ahondar.

Si volvemos a buscarla en el *DLE*, vemos definiciones muy interesantes. Perdonad si las extiendo, pero creo que son vitales para entender de qué estamos hablando.

Trascender

1. Dicho de algo que estaba oculto: empezar a ser conocido o sabido.

   Sinónimo: manifestarse, difundirse, divulgarse, propagarse, popularizarse.
2. Dicho de los efectos de algunas cosas: extenderse o comunicarse a otras, produciendo consecuencias.

   Sinónimo: extenderse, comunicarse, propagarse.
3. Estar o ir más allá de algo.

   Sinónimo: sobrepasar, superar, exceder.
4. Penetrar, comprender, averiguar algo que está oculto.
5. En el sistema kantiano, traspasar los límites de la experiencia posible.

Bueno, bueno, bueno. Estoy a punto del clímax —con perdón—. Esto es muy parecido a cuando lees por primera vez *el Tao*, de Lao Tzu, o *El arte de la guerra* de Sun Tzu... y, de repente, lo entiendes. No solo con la cabeza, sino con el cuerpo. En tan pocas palabras cabe una cantidad descomunal de sabiduría aplicada a la vida real.

Si desarrollo, resumo y traduzco el Capital Trascendente de una forma más práctica, podríamos decir que la trascendencia se manifiesta —o se reconoce— en algunas de las siguientes situaciones o definiciones:

1. Trascender se produce cuando no nos quedamos con las explicaciones y discursos estándar que nos ofrecen. Implica ahondar y profundizar más en las çausas y en los porqués para, de esa forma, **descubrir lo que no nos había sido revelado** y que permanece oculto a la mayoría que no busca una mayor profundidad de entendimiento. **Es no quedarse en la superficie del discurso.**

2. Trascender se produce cuando el conocimiento, la sabiduría o la bondad que hemos alcanzado a lo largo de la vida no nos los guardamos solo para nosotros, sino que decidimos compartirlos con otros. Ese acto de comunicar y poner en común lo aprendido genera casi siempre un efecto positivo en la vida de la otra persona y también en la nuestra.

   Cuando ayudamos a alguien a comprender mejor la vida, sus circunstancias o sus propias decisiones, **no solo ampliamos su nivel de conciencia**, sino que establecemos una conexión que trasciende lo individual. En ese intercambio, ambos crecemos: quien recibe y quien comparte. Trascendemos el uno en el otro.

3. Trascender es llegar a un punto en el que descubrimos lo

que estaba oculto y, gracias a ello, accedemos a una vida más plena al alcanzar un **entendimiento superior**. Es superar los límites impuestos.

¿Qué dice el *DLE* de la trascendencia? Pues acepciones muy interesantes también:

1. Penetración y perspicacia.
2. Resultado, consecuencia de índole grave o muy importante.
3. Aquello que está más allá de los límites naturales.

> *La trascendencia ocurre cuando vivimos experiencias*
> *significativas, provocamos un impacto genuino*
> *en los demás y, sobre todo, cuando desafiamos*
> *y superamos los límites y estándares que el sistema*
> *nos impuso como verdades inamovibles.*

También es interesante ver los **antónimos u opuestos** de trascendencia:

1. Intrascendencia o insignificancia.
2. Ser o vivir de forma intrascendente. Sin ningún efecto en tu vida ni en la de tu círculo o sociedad. Pasar por la vida sin vivirla. Estar en vez de ser.

Ya tenemos definición de la segunda palabra que sostiene nuestra filosofía de vida: *trascendente*.

Hablamos de personas —o de momentos vitales— que han vivido, en mayor o menor medida, un acto de despertar. Una toma de consciencia real. Esa sacudida íntima que te hace mirar el molde preestablecido, el guion que nos venden como «la vida correcta», y decir: «No, esto no es para mí».

Son personas que han intuido que hay algo más. Algo más grande, más profundo, más afinado con lo que realmente somos. Algo que ofrece plenitud, armonía, quietud… y sí, de vez en cuando, momentos de auténtica felicidad.

Ese «algo» lo encuentran, o lo buscan, a través de la trascendencia: **como paso, como herramienta y como sentido**.

Porque no han venido a pasar desapercibidos, ni a vivir en piloto automático, ni a seguir el rebaño.

Han venido a **dejar huella**. A marcar su vida y, en lo posible, la de otros. A vivir con intención, propósito y coherencia interna.

Capital + trascendente

Antes de definir el sistema completo, necesitamos unir las dos piezas: **capital** y **trascendente**.

Por separado ya las entendemos: el capital como todos los recursos (económicos, emocionales, espirituales y sociales) que disponemos como persona y lo trascendente como la capacidad de dotar de sentido, propósito, dirección y coherencia a nuestra existencia.

Cuando las juntamos sucede algo poderoso: el capital deja de ser un fin material para convertirse en una herramienta al servicio de nuestra evolución personal, y la trascendencia deja de ser una idea abstracta para tomar tierra, hacerse práctica y ejecutable gracias al capital. Es la unión de lo tangible con lo profundo, de lo que tenemos con lo que somos, del medio con el propósito.

Ya podríamos hacer una definición de lo que es el Capital Trascendente. Empezaremos por una definición más racional para ir dándole cada vez más peso a la parte emocional en el desarrollo:

El Capital Trascendente es un nuevo sistema económico y vital donde el capital surge como medio para trascender como personas en la vida y en el mundo.

Respira tres veces profundamente, por favor.

Riff de guitarra eléctrica.

Batería.

Léelo otra vez.

Lo contrario es una vida intrascendente y guiada por el sistema. Es una opción legítima y cada cual tiene derecho a elegirla y a encontrarle aspectos positivos. También ocurre en otras situaciones de dependencia, donde quedas enganchado a algo que sabes que no te hace nada bien.

Yo elegí la mía: tener una vida trascendente, sin prisas ni presiones externas, sin pretender cambiar el mundo, solo el mío. El cercano, el sencillo. Y desde ahí expandir, poco a poco, el impacto con humildad. Si decides seguir conectado a la línea de producción, lo respeto. Puedes seguir siendo parte del rebaño. Te quiero igual. Pero yo elegí despertar.

Seguimos.

El camino hacia la trascendencia sigue un método compuesto por cuatro fases esenciales. Cada persona debe apropiarse de ellas, integrarlas y cultivarlas a lo largo de su vida. No basta desarrollar una y descuidar las otras: cada paso es una pieza indispensable de un puzle que solo revela su verdadera belleza cuando está completo. Constancia, equilibrio y coherencia son la clave. Sin eso no hay trascendencia. Solo intentos sueltos de plenitud superficial.

Para caminar en este proceso contamos con recursos de élite a nuestro alcance.

1. **La consciencia:** despertar, ver con claridad y entender quiénes somos y qué queremos ser.
2. **Los distintos tipos de capital**, usados con sabiduría, como herramientas de transformación y libertad personal.
3. **Un deseo auténtico de vivir con propósito**, una vida cargada de sentido y trascendencia, para nosotros mismos, para los demás y para la sociedad.

Somos acción, no pasividad

¿No es una incongruencia empezar una resistencia y un cambio vital contra el sistema utilizando como herramienta clave el capital? ¿Y en mayor medida el capital económico?

Si hablamos de plenitud, significado, espíritu, realización, emoción... ¿no es acaso una contradicción? No lo creo. Al contrario.

Es precisamente desde lo tangible —el dinero, los recursos— desde donde se puede empezar a transformar lo intangible. Es desde su gran zona de confort, desde el entendimiento del capital, desde donde le haremos más daño, crearemos más dudas y provocaremos más inconsistencia. El capital, cuando se activa con consciencia y propósito, deja de ser un fin y se convierte en una herramienta poderosa de cambio.

La revolución empieza justo donde parecía más improbable.

Recordad que no somos *hippies*. Somos activistas con ideas firmes en corazón templado. Tigres. No cantamos el «Cumbayá», sino el «Thunderstruck» de los AC/DC.

Por lo tanto, aunque nuestro objetivo comienza por mejorarnos a nosotros y así cambiar nuestro mundo, no olvidamos que vivimos en sociedad y que, además, exigimos poder vivir en comunidad. Una comunidad afín a nuestra forma de vivir, al sistema de vida que elegimos y a las decisiones que adoptamos. Por eso, también queremos influir en la mejora del sistema existente o, por lo menos, en el mayor número posible de personas, situaciones o entidades.

La forma más eficaz de rebelarse contra un sistema no es gritar, ni quemar contenedores, ni levantar barricadas como si estuviéramos en 1977. La forma más eficaz es atacar sus creencias, sus dogmas, sus tótems intocables. Y en ese sentido, el mayor tótem del sistema actual —su eje, su columna vertebral— es el **capitalismo profundamente individualista, superficial y puramente económico**, que reduce a la persona a una simple variable contable.

Pues precisamente ahí es donde hay que lanzar los misiles *Tomahawk...* de ternera. Directo al corazón del sistema.

Y, por cierto, funciona. Y está pasando. Y ha pasado ya.

Esto ya lo he explicado antes, pero vuelvo a ello para dotar de contexto. En 2009 creé la que sería la **primera aplicación empresarial práctica del Capital Trascendente**: Ariete WM, con su método propio, WVP. Un marco completamente nuevo, con un universo de términos, pasos y conceptos que no existían hasta entonces en la relación tradicional con el capital. Fue un acto de rebeldía silenciosa: demostrar que el capital puede utilizarse de otra manera, no para oprimir vidas, sino para liberarlas.

¿Qué ocurrió después? Lo inevitable: **entidades y profesionales empezaron a «usar» estas ideas**, copiarlas o apropiárselas sin citar ni pedir permiso. Lo normal sería enfadarse, reclamar y defender la propiedad intelectual. Pero a mí me pasó lo contrario: **sentí orgullo.**

Sí, orgullo.

Mis amigos y mi gente lo saben: cuando hay tensiones o decisiones importantes siempre digo, medio en broma, medio en verdad:

—A mí no me miréis... ¡yo soy futbolista!

Pero es así: que banqueros, asesores financieros, consultores y expertos en *marketing* de primer nivel utilicen mis ideas fruto de un sistema y filosofía propios es un motivo de satisfacción. Entidades financieras enteras cambiando su comunicación —y ojalá también su realidad— por la que propugnamos desde Ariete. Significa que el mensaje toca, que se expande, que incomoda donde debe incomodar. Que el sistema siente la vibración.

Existe un pero, y es grande: todas estas herramientas solo tienen sentido si se aplican desde la autenticidad. El Capital Trascendente no es un truco, ni un eslogan bonito, ni una campaña. Es un modo de vida. Si se utiliza para vender más, manipular, maquillar o reforzar el mismo sistema enfermo de siempre, entonces se pervierte, pierde su alma y se convierte en más ruido.

Por eso dejo esto claro: este enfoque solo puede usarse cuando situamos a la persona (no al beneficio, no al producto, no a los objetivos trimestrales) en el centro. Solo puede usarse cuando se hace con cuidado, con respeto y con propósito. Solo puede usarse cuando el objetivo es ayudar a alguien a construir una vida más plena, más consciente, más libre.

Si no es así, mejor que no lo utilicen. El Capital Trascendente no es para postureo. Es para transformar vidas, empezando por la nuestra.

Por lo tanto, hay que luchar y **ganarles en su terreno**. En el terreno de las cosas. En ese espacio donde el sistema se siente más cómodo, más fuerte, más protegido. Ese es su bastión, su fortaleza, su castillo amurallado. Y es justo ahí donde, si atacamos, más van a sentir el golpe. No desde fuera, gritando. No desde la protesta simbólica. Sino **hackeándolo desde dentro**. En su propio campo, pero usando armas que ni se han planteado, herramientas que no entienden, enfoques que no pueden anticipar. Que empiecen a sentirse incómodos. A preguntarse qué está pasando. A dudar. A perder certezas.

Ojalá incluso, desde esa incomodidad, se despierten un poco. Aunque sea por puro interés, que es donde empiezan muchas de las transformaciones. Y que eso pueda trasladarse al beneficio de las personas.

El símil deportivo es perfecto: ir a jugar a campo contrario, con toda su afición rugiendo, y meterles un repaso, un 0-5.

¿Cómo se queda ese equipo? ¿Cómo se queda la grada? Confusos. Descolocados. Sin fe. Sin narrativa. Les rompes el relato. Les destruyes la confianza. Les desmontas el modelo. Y tú te vuelves a casa. Por eso usamos el capital —sí, el económico— como herramienta. Porque ellos creen que les pertenece por derecho. Que solo existe una manera «correcta» de usarlo: la suya.

Pues no.

Les desmontamos esa idea. Les quitamos el balón. Lo jugamos mejor. Y encima lo convertimos en algo que sirve a las personas, no al sistema.

Next.

Recordad, el objetivo **no es cambiar el sistema**. Eso sería ingenuo, romántico y una pérdida de vida. El objetivo es debilitarlo, hacer más visible la grieta, facilitar que más personas puedan despertar, pensar, cuestionar y salirse del carril marcado. Cuantos más seamos, más profundo será el cambio.

En paralelo, está pasando algo fascinante: el sistema empieza a ponerse la careta de la trascendencia. Empieza a fingir que tiene alma. Que piensa en las personas. Que se preocupa por el propósito. Que quiere ser más humano. Veremos cuánto hay de verdad y cuánto de interés. Porque cuando no hay consistencia ni coherencia detrás, la mascarada no aguanta.

Y entonces aparecen los de siempre. Los del conocimiento. Los soldados del sistema. Aquellos cuyo sentido solo existe bajo el yugo.

«Eso son tonterías», dicen.

Ok, corderito. Sigue en tu ruedecita de cobaya, creyendo que avanzas mientras estás siempre en el mismo sitio. Nosotros seguiremos nuestro camino.

Aquí soy inflexible: **el sistema no nos habla de tú a tú**. No puede. No se lo permito. Nosotros jugamos en otra liga. En un sistema opuesto al existente. Que está enraizando.

Jamás, en ningún indicador oficial de riqueza o progreso, se ha incluido la satisfacción, la plenitud o la realización de la persona. Nunca. Los indicadores han sido siempre los mismos: PIB, productividad, renta per cápita, márgenes, rentabilidad. Ni rastro de nuestra salud mental, nuestro equilibrio, nuestro propósito, nuestro significado.

¿Y qué somos entonces?

¿Manos en una cadena de producción?

¿Unidades de consumo?

¿Engranajes sustituibles?

El Capital Trascendente gira el foco ciento ochenta grados. Te dice: el sistema no está hecho para ti. Puedes seguir como cordero si te sirve, si te acomoda, si te quita responsabilidad. Pero también existe otro camino. Otra realización, otro significado. Otra forma de vivir este tiempo que se nos ha dado.

Se puede tener un impacto real en ti mismo, en tu familia, en tu entorno, en la sociedad. Se puede vivir una vida en la que un domingo por la tarde no tengas ansiedad o un nudo en el estómago. Se puede vivir sin «lorazepames» ni demás drogas legales que anestesian, pero no curan. Se puede vivir con otra intensidad, otro equilibrio. No es fácil. No es inmediato. No es mágico. Pero **sí es posible**.

Con método, con consciencia y, sobre todo, con valentía.

8. Las cuatro trascendencias y su metodología

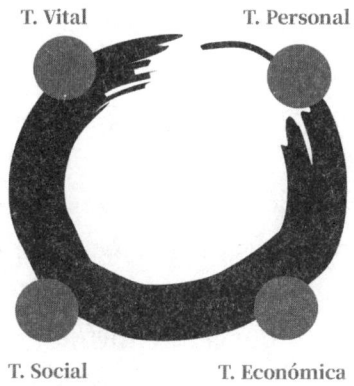

T. Vital T. Personal

T. Social T. Económica

Trascendencia personal

La primera fase del círculo trascendente es la **trascendencia personal**. No es casualidad. Es el origen de todo. El kilómetro cero. La base sólida sobre la que se construye cualquier forma de capital con sentido. Si fallas aquí, lo demás se derrumba.

Si no sabes quién eres, qué te importa y hacia dónde vas, todo lo demás —el dinero, los logros, los títulos, las posesiones— se convierten en anestesia, en excusas para convencernos de que «no estamos tan mal», mientras por dentro sentimos un vacío que no sabemos explicar. Así es como el sistema nos captura.

Si en esta fase te autoengañas diciéndote que eres tu cargo, tu coche, tu salario, tus *followers* o tu agenda llena, pero llevas un nudo en el estómago cada mañana, entonces no estás viviendo: estás sobreviviendo en modo automático. Salir de ahí cuesta, pero el primer paso es mirar la verdad a los ojos y escribirla. Sin filtros. Sin maquillaje. Sin épica.

Y, como siempre digo, tú puedes elegir perfectamente cómo quieres vivir. Faltaría más. Yo no soy nadie para decirte qué hacer. Solo expongo un método que me ha funcionado a mí y a más de doscientas personas y familias. Si no te sirve, lo respeto. Pero este capítulo va dirigido a quienes sí sienten que algo no encaja. A quienes escuchan un zumbido interno que dice: «Esta no es la vida que quiero vivir».

Aquí empieza el camino: la **valentía radical**. Valentía para descubrir cosas incómodas sobre nosotros mismos. Para admitir debilidades, incoherencias y grietas. En esta fase tenemos que reconocer quiénes somos hoy, no quiénes creemos ser, no quiénes queremos proyectar. Debemos tener claro quiénes somos realmente y cómo hemos llegado hasta aquí.

1. **Identificar el punto de partida**: para ello debemos identificar nuestros valores actuales, los que guían nuestro comportamiento real: cómo vivimos, cómo tratamos a los nuestros, cómo actuamos con desconocidos, con gente vulnerable y con la sociedad. Si nos importan. Si nos dan igual. Si sumamos o restamos. Todo desde el «hoy», sin trampas al solitario. Una vez definido el «yo actual», debemos escribirlo en una hoja, en viñetas, de forma cla-

ra, y revisarlo cada día. No hace falta postura de loto ni incienso. Basta con ver aquello que somos para que la mente y el alma empiecen a asimilarlo. Este es el principio de la lucidez.

Pasados unos días, cuando la verdad se asienta y ya no la discutes mentalmente, llega el segundo paso: **definir quién quieres llegar a ser**. Este es el movimiento más delicado y revelador. No hablas desde la culpa o el pasado, sino desde el porvenir: desde la vida que deseas construir.

2. **Identificar los valores guía**: aquí debemos identificar los valores guía que queremos que rijan nuestras decisiones a partir de ahora. Serán la brújula que nos salvará cuando el sistema nos empuje de nuevo a la confusión. Debemos definir también cómo queremos ganarnos la vida, porque aspiramos a la trascendencia, pero necesitamos recursos y capital. Y hay que decidir cómo generarlo sin vender nuestra alma.

3. **Revisar nuestras relaciones cercanas**: también debemos preguntarnos cómo queremos relacionarnos con los nuestros, con quienes amamos, con quienes dependen de nosotros, con quienes nos necesitan. Cómo queremos ser padres, parejas, hijos, amigos, compañeros. Esa parte, nuestras relaciones cercanas, definen más nuestra plenitud que cualquier éxito profesional.

4. **Asumir nuestro lugar en la sociedad**: a continuación, debemos reflexionar sobre nuestro lugar en la sociedad, es decir, cómo respondemos ante personas vulnerables, ante la injusticia, ante quienes no tienen nuestra suerte.

La trascendencia nunca es solo individual; siempre tiene un eco en los demás.

5. **Clarificar la relación con el sistema y el capital:** después llega el momento de pensar cómo vamos a movernos en un entorno saturado de ruido, velocidad y estímulos diseñados para moldearnos. Y, ligado a ello, cómo vamos a relacionarnos con el capital: cuánto, cómo, para qué y por qué lo queremos. Sin claridad en este punto, caemos de nuevo en la trampa.

6. **Responder a la pregunta decisiva:** todo esto desemboca en una pregunta central: ¿cómo quiero repartir mi tiempo? El tiempo es nuestro recurso más valioso, más sincero y escaso. Define en quién nos convertimos. Si no lo controlas tú, alguien lo controlará por ti.

Esta introspección no es una escena única ni un momento de iluminación budista puntual. Es un ritual recurrente. Debe revisarse mínimo una vez al año, como un chequeo vital. La lucidez inicial es poderosa, pero la continuidad es lo que transforma. El trabajo real no está en despertar, sino en mantenerse despierto.

Así, a lo largo de la vida, en cada fase del círculo trascendente, debemos volver a examinarnos y preguntarnos: ¿por qué hago lo que hago? ¿Desde qué lugar estoy tomando decisiones? ¿Desde mi verdad o desde la inercia?

La vida tiene una fuerza centrífuga enorme. Nos arrastra sin permiso. Sin revisión periódica, volvemos al modo sistema sin darnos cuenta. Por eso debemos preguntarnos constantemente: ¿estoy viviendo mi vida o la que el sistema escribió para mí? ¿Estoy en mi camino o me he desviado hacia lo establecido?

El trabajo es revisar, corregir y realinear.

De este proceso tendremos como resultado final nuestro **plan personal trascendente**, que puede definirse como una auditoría honesta de tu propia vida: quién eres hoy, quién quieres llegar a ser y qué valores te guían. Implica definir el camino, las tareas y los hábitos que te acercarán a esos sueños; cómo usarás tu tiempo, cómo quieres relacionarte y qué roles vas a ejercer. Y supone revisarlo cada año para mantenerte alineado contigo y no con el sistema.

A continuación, a modo de ejemplo y de una forma más pedagógica, os extiendo un modelo de la trascendencia personal para que tengáis una guía que podéis ampliar y adaptar según vuestra conveniencia.

Guía práctica: cómo empezar la trascendencia personal (pasos claros + ejemplos)

PLAN PERSONAL TRASCENDENTE

1. Radiografía del yo actual

Escribe una lista honesta con tus verdades de hoy:

- Cómo reaccionas ante el estrés.
- Qué te da vergüenza admitir.
- Qué hábitos te dañan.

- Cómo tratas a quienes dependen de ti.
- Qué cosas priorizas y por qué.

Ejemplo:

«Estoy agotado, reacciono mal en casa, compro para tapar vacío, trabajo por miedo, vivo para los demás».

2. Identificación de valores actuales

Pregúntate:

- ¿De dónde salen mis prioridades?
- ¿Son mías o heredadas del sistema/familia/empresa?
- ¿Lo que valoro hoy me acerca o me aleja de la vida que quiero vivir?

Ejemplo:

«Creo que necesito reconocimiento, pero en realidad necesito calma».

3. Diseño del yo que quiero ser

Construye un retrato de tu vida ideal a cinco años:

- Valores guía.
- Tipo de trabajo.
- Estilo de vida.
- Relaciones.
- Tiempo libre.
- Impacto social
- Salud mental.

Ejemplo:

«Quiero un trabajo que no me destruya, tardes con mis hijos, fines de semana sin ansiedad, ayudar a otros».

4. Mapa de roles esenciales

Define cómo quieres ejercer tus roles:

- Padre/madre
- Pareja
- Profesional
- Amigo
- Ciudadano
- Individuo

Ejemplo:

«No quiero ser un padre rico en dinero y pobre en presencia».

5. Auditoría del tiempo

Anota durante una semana en qué inviertes tus horas. Te dará un espejo brutal. Luego, define un reparto ideal: «X horas para lo que me da paz, X para relaciones, X para salud, X para trabajo, X para crecimiento».

6. Relación consciente con el capital

Define qué capital quieres generar y para qué:

- Económico (seguridad, libertad, capacidad de elegir).
- Emocional (calma, autoestima)
- Espiritual (sentido, propósito).
- Social (comunidad, apoyo).

Ejemplo:

«No quiero más dinero. Quiero más libertad».

O al revés.

«Quiero incrementar mis ingresos para mejorar mi vida en algún aspecto material».

7. Ritual de revisión anual

Una vez al año (o cada seis meses):

—Revisa quién eres hoy

—Revisa quién quieres ser.

—Ajusta el camino.

—Toma decisiones pequeñas pero valientes.

Conclusión

La trascendencia personal no es un destino. Gracias a estas preguntas y respuestas sinceras puedes delimitar quién eres hoy, quién quieres ser mañana y cómo vivir.

Este camino tiene que transformarse en un plan de acción claro con tareas, fechas de inicio y final y con responsables implicados. Porque solo aterrizando las conclusiones en un método de realización podremos ir avanzando hacia el ser que queremos ser. Se recorre cada día hasta el último de nuestros días.

Si lo haces, nada te garantiza una vida perfecta. Pero sí te garantiza que tu vida sea propia.

Y eso, en este sistema banal, ya es una revolución.

—¿Me puede indicar qué camino debo tomar?

—Depende mucho de a dónde quieras ir.

—La verdad… a ningún sitio en particular.

—Entonces cualquier camino te servirá.

Alicia en el País de las Maravillas

Trascendencia económica

Quiero empezar este apartado con una frase de Jean Claude Juncker, político luxemburgués que fue presidente de la Comisión Europea (2014-2019) y antes presidente del Eurogrupo (2005-2013). Su cita, pronunciada en 2010, pasó a llamarse «La maldición de Juncker», y dice así:

> *Todos sabemos lo que hay que hacer, lo que no sabemos es cómo ser reelegidos una vez que lo hemos hecho.*

Esta frase refleja el dilema político: aplicar medidas necesarias pero impopulares puede costar la reelección. Se produjo en el contexto de las reformas económicas europeas impulsadas por el inicio de la gran crisis del 2008.

Los políticos y sus asesores saben perfectamente lo que hay que hacer en economía, el problema es salir reelegidos. De nuevo el bien común no está en el centro de la toma de decisiones.

No hace falta decir nada más, señoría.

Seguimos.

Una vez transitada la primera fase del círculo de la trascendencia, la personal, pasamos a la segunda: la trascendencia económica.

La fase económica debe finalizar con un plan económico trascendente y su plan de acción.

Este plan nace y bebe directamente de conocernos de forma profunda en el plan personal y determinar unos objetivos, entre otros, vitales y económicos. Una fase lleva a la otra. Porque, cuando sabes quién eres, qué te importa y qué quieres construir —trascendencia personal—, llega el momento de **alinear tu economía con esa verdad** —trascendencia económica—.

Vale, perfecto, ya tengo claro y definido el camino a seguir. ¿Ahora qué?

Pues ahora hay que recorrerlo, querida Alicia. Hay que aplicar todas nuestras conclusiones y cambios correspondientes del plan personal a nuestra economía, patrimonio y relación con el capital. Técnicamente:

> *El plan económico es el proceso de usar*
> *los recursos económicos de manera alineada*
> *con tus valores, tus objetivos y tus sueños.*

El plan económico debe unir estrategia y propósito; riqueza económica y ética; crecimiento y sentido. Los cuatro pasos que lo componen son:

1. **Entender** cómo funciona el sistema y cómo te afecta: no puedes transformar lo que desconoces.
2. **Ordenar** tus recursos, ingresos, gastos y objetivos para ponerles dirección según tu plan vital.
3. **Proteger** lo que has construido, cuidando tu patrimonio y tus decisiones ante la incertidumbre.
4. **Expandir**, invirtiendo con propósito, generando impacto y multiplicando riqueza desde tus valores.

Aquí tienes que asumir una responsabilidad enorme: formarte. Formarte financieramente. Adquirir esas bases que jamás nos enseñaron en el colegio —y no por despiste, sino porque no les interesa que sepamos cómo funciona el sistema económico—. Les conviene que no entendamos una nómina, una hipoteca o qué diferencia un depósito de un fondo de renta fija... o una preferente.

Sí, nos tratan como corderos. Pero eso se acabó. Toca ponerse manos a la obra. Nunca en la historia hubo tanta información al alcance ni tanta basura mezclada con ella. Podemos pasar horas comparando modelos de coche, pero nos da pereza entender los conceptos básicos que afectan a toda nuestra vida económica. Aquí no hay excusas: el conocimiento financiero ya no es opcional.

Aviso: no quiero que caigáis en la secta del gurú de turno, ese que vende independencia financiera en treinta días, *trading* mágico o cursos para hacerte millonario desde una hamaca en Bali. No. Hablo de buscar fuentes serias, fiables y contrastadas, de estudiarlas y asentar unas bases sólidas.

Usaré un ejemplo que me encanta: un peluquero —con todo el amor del mundo— siempre te dirá que necesitas un corte de cabello. En ahorro e inversión pasa igual: siempre habrá alguien con una propuesta «perfecta» para ti y en el momento perfecto. Y con prisas, que me lo quitan de las manos...

No quiero que te cortes el pelo tú solo... pero sí que tengas criterio para decidir si toca cortarlo, cuándo y qué estilo encaja contigo. Tampoco pretendo que os convirtáis en expertos ni que actuéis de forma independiente. Eso sería como operarse uno mismo de ligamento cruzado. No. Lo tiene que hacer el médico. Con nuestra supervisión e implicación.

Ese nivel de *expertise* exige cruzar la frontera de la pasión y, en muchos casos, de la obsesión. Y no todo el mundo quiere —ni debe— vivir ahí. Mi objetivo es otro: que entendáis cómo funciona el sistema económico y financiero para poder navegarlo sin ser arrastrados por él. Quiero que tengáis criterio para elegir bien a las personas que os acompañarán. Porque lo harán, queráis o no.

Lo importante es que adquiráis los conceptos básicos que os permitan tener **espíritu crítico**: frente al sistema, a los medios, a las modas de inversión, a las crisis y ciclos económicos y, sobre todo, frente a vosotros mismos.

¿De dónde sale un rendimiento? Tenéis que saber cómo se crea esa riqueza. Con palabras sencillas. Nada de palabros.

Quiero que entendáis cómo afecta lo que ocurre en el mundo a vuestro patrimonio y a vuestra vida. Que sepáis qué hacer, cuándo hacerlo y —lo más importante— por qué hacerlo. Que tengáis la capacidad de interpretar qué os están ofreciendo, qué implica y si tiene sentido para vuestra vida, no para el Excel de un tercero.

Porque, al final, el gran objetivo es que podáis dormir tranquilos. La tranquilidad no viene de delegar ciegamente. Viene de entender dónde está tu capital, por qué está ahí y cómo encaja en tu plan personal y en tu objetivo de vida trascendente. Ese es el auténtico superpoder: claridad, autonomía y control.

En lo personal ya estarás actuando: moldeando tu forma de vivir, de relacionarte, de ganarte la vida, de tratarte a ti mismo e incluso de hablarte. Estarás transitando, de manera continua, tu propio proceso de cambio en la jungla del sistema. Pero ahora llega el momento de meter el dedo en el engranaje económico para hackearlo en beneficio de tu patrimonio, de tu capital, de tu historia vital y de tu trascendencia en esta vida.

La conexión entre ambas dimensiones —la personal y la económica— es simple de entender, pero poderosa cuando se aplica: la consciencia puesta en práctica a través de la educación financiera. Es pasar de saber quién eres a demostrarlo con tus decisiones. Porque de poco sirve tener claridad interior si luego tus actos económicos van por libre.

Libertad y creación de riqueza… consciente

¿Para qué todo esto? Para un solo fin: la libertad.

—No me jodas… perdón, ¿dices? ¿O sea que venimos de hablar del alma, del propósito, de la vida con significado… y al final la clave es la libertad «con los dineros»?

—Sí… y no.

Primero, pongamos orden. Antes de opinar, veamos qué dice el *DLE* sobre libertad:

1. Facultad natural que tiene el ser humano de obrar de una manera o de otra, y de no obrar; por lo que es responsable de sus actos.
2. Estado de quien no es esclavo.

Y aquí es donde se cruzan ambas dimensiones: la espiritual y la económica. Porque puedes estar muy «despierto», muy conectado, muy trascendente... pero si dependes de un sueldo a través de medios insanos, de una deuda que te ahoga, de un jefe que te ningunea o de una estructura económica que te tiene cogido por donde ya sabes... entonces no eres libre.

Sin libertad económica no hay libertad vital. Sin libertad vital, la trascendencia es solo poesía barata para Instagram.

Lo que buscamos no es ser ricos en el sentido clásico; es ser libres para decidir dónde vivir y con quién, cómo trabajar, a qué dedicar el tiempo, qué rechazar, qué abrazar, qué permitirse y qué no.

La libertad no es tener dinero, sino que el dinero deje de tenerte a ti. Y eso solo ocurre cuando tu vida interior (quién eres, qué quieres, qué valoras) está alineada con tu vida exterior (cómo gestionas tu capital, tus ingresos, tus hábitos y tus decisiones). Cuando ambas dimensiones se unen, aparece lo que buscamos: una vida con sentido... y sin cadenas.

Por lo tanto, alcanzar la libertad a través del capital nos permitirá tomar nuestras decisiones —o nuestras omisiones— con total independencia. Y si queremos una definición aún más clara y directa, podríamos decirlo así: significa no ser esclavos.

Recordemos siempre que el dinero es un medio, no un fin. Cuando lo entendemos desde ese lugar comprendemos que la libertad económica nos devuelve un poder que, sin darnos cuenta, habíamos entregado al sistema. Esa idea, lo admito, es música para mis oídos: no ser esclavo de este sistema. Porque es cierto que no podemos salirnos de él, ni cambiarlo por completo, pero también es cierto que no tenemos por qué dejar que nos domine.

Esa libertad es la que nos permitirá aplicar nuestro plan vital, nuestra forma de vida y nuestro sentido personal sin ataduras, tomando nuestras propias decisiones. Para ello, es imprescindible contar con una autosuficiencia económica mínima. Hay que ser realistas: cuanto más comprometidos estemos con obligaciones económicas, más difícil será liberarnos y más fácil será que el sistema se aproveche de esa situación.

Pero no confundamos esto con la idea de que la trascendencia económica y la libertad asociada solo son posibles desde una posición de abundancia o de grandes cantidades de dinero. No va de eso. Una persona puede ser profundamente libre con ingresos modestos y una vida sencilla, siempre que esa vida tenga significado. Y, en el extremo opuesto, grandes fortunas pueden vivir atrapadas en el ruido permanente, en la esclavitud de las apariencias, en la superficialidad y en el gasto sin sentido… con el vacío más absoluto.

Aquel que gana la lotería y tiempo después afirma que era más feliz antes no echa de menos su vida pasada, sino la libertad que aún conservaba. Era más feliz porque era más libre, porque no dependía del sistema, porque vivía su vida como un *hacker* desde dentro, haciendo lo suyo, con los suyos, ajeno a la propaganda y a la presión social.

Te lo digo porque lo he visto muchas veces: el dinero, cuando no tiene dirección, te gobierna.

Y el dinero sin sentido, sencillamente, no tiene sentido. Pero aquí quiero que te quedes con algo muy importante, quizás una de las ideas más maltratadas por la culpa cultural y por las narrativas de escasez con las que nos han domesticado durante décadas: no hay nada malo en crear riqueza. Al contrario, si nace del significado, de los valores y de la trascendencia personal, hacerlo es bello, útil y profundamente humano. No es obsceno tener capital; lo obsceno es vivir atrapado por él. No es indecente prosperar, sino hacerlo vacío, sin alma o pisando a otros.

Si tu vida tiene dirección, propósito y conexión; si cuidas a los tuyos; si aportas, ayudas, elevas… entonces no tienes por qué pedir perdón por haber construido una buena situación económica o intentarlo. La riqueza bien ganada es un multiplicador de impacto: nutre a tu familia, a tus proyectos, a tu comunidad y hasta al desconocido al que ayudas sin que nunca sepa tu nombre.

Riqueza con valores = expansión de bondad y posibilidades.

Ya está bien de que nos eduquen en la escasez emocional y material. Ya está bien de que nos hagan sentir culpables por prosperar mientras ellos acumulan sin complejos. Ya está bien de que confundan humildad con empequeñecerse.

La abundancia con significado no es un privilegio vergonzante, es una responsabilidad preciosa.

Y es exactamente lo que buscamos con la trascendencia: un capital que no te posea, que no te desvíe, que no te degrade, sino que te sostenga, te dé libertad y haga tu vida —y la de los demás— un poco mejor. El verdadero lujo no es el Ferrari, sino alcanzarlo sin traicionarte y usarlo con sentido.

Y si llegas ahí, solo puedo decirte una cosa: disfrútalo sin culpa. Te lo has ganado. Pero conduce tú el coche, no el coche a ti.

Pasar del sentimiento de escasez continua —ese estado en el que alguien vive sin plan, atrapado por una sociedad que empuja a tener, gastar y demostrar— hacia una abundancia consciente implica algo muy concreto: disponer de lo necesario y que sobre solo lo justo. Porque cuando defines con claridad qué te aporta valor, qué te hace feliz y qué es realmente esencial, todo lo que no suma deja de tener espacio. Y entonces, simplemente, no lo incorporas a tu vida.

Ser libre económicamente significa tener el mundo de las cosas bajo control. Es haber diseñado una estructura patrimonial propia donde cada activo tiene una función; cada inversión, un propósito; y cada decisión, una razón. Es la serenidad de saber que tus necesidades están cubiertas y que, si mañana todo se detuviera por un instante, tu estructura seguiría en pie, protegiéndote. Esa es la base de la libertad: **el control consciente de lo material, para que lo material no te controle a ti.**

Libertad de elegir

Desde ahí nace una segunda libertad, más sutil, pero mucho más poderosa: la libertad de elegir. Elegir cómo, cuándo y por qué trabajas. Elegir qué proyectos aceptas y cuáles rechazas. Elegir con quién compartes tu tiempo y a qué causas dedicas tu energía. Cuando tu sistema económico está ordenado, dejas de aceptar por miedo y empiezas a decidir por convicción. Ya no trabajas por necesidad, trabajas por significado. Ya no inviertes por ansiedad, inviertes por propósito. La libertad no está en no hacer nada, sino en poder hacerlo todo sin traicionarte.

Por ejemplo, dentro del plan personal trascendente, después de un ejercicio real de consciencia y análisis crítico, definimos dónde queremos vivir y qué tipo de vivienda encaja de verdad con nuestras necesidades. Cruzando deseo con realidad: ingresos actuales, capacidad y situación del mercado.

Puede que alguien concluya que, con sus ingresos de hoy, lo más sensato es reducir expectativas y vivir en un piso de dos habitaciones en un barrio concreto; algo más «normal», pero perfectamente alineado con su vida y su tranquilidad.

O, en el extremo opuesto, puede decidir que quiere vivir en una urbanización concreta, en una casa, y trazar un plan a tres años para aumentar ingresos y hacerlo posible. Pero lo hará desde la consciencia, no porque el sistema le venda que «el éxito» es tener una casa grande y que debe perseguirlo como un burro detrás de la zanahoria de la propaganda.

Eso lo debe marcar el **plan personal**, no la presión externa. A partir de ahí definimos cómo llegar y lo ejecutamos dentro del **plan económico**, tomando las decisiones necesarias para avanzar hacia esos destinos que ya hemos elegido de forma consciente. Así que el plan económico consiste en dotar de sustancia financiera a los objetivos, decisiones y pasos que ya hemos definido en el plan personal.

Otras decisiones por tomar pueden venir del estilo de vida que queremos, del tamaño de nuestra familia, del tipo de trabajo que soñamos y del ingreso que implica, de si realmente necesitamos dos coches o si la idea de tener una casa en Cerdeña es un deseo auténtico o un anzuelo del sistema. Todo eso se ordena en el plan personal... y el plan económico es el que lo hace real.

Esta libertad tiene efectos prácticos enormes:

- Te permite reducir la dependencia del salario o del ritmo que el mercado impone.
- Puedes dedicar más tiempo a tu familia, a tu desarrollo personal o a proyectos que generen impacto.
- Puedes crear o apoyar empresas con propósito, formar parte de iniciativas sociales o artísticas, o simplemente vivir a otro ritmo.

No es un privilegio reservado a unos pocos; es el resultado de una construcción consciente y sostenida en el tiempo, basada en educación financiera, planificación, diversificación y visión de largo plazo. Y, por supuesto, no se trata de que el trabajo sea el problema. **Trabajar, para el Capital Trascendente, es parte de nuestra realización.** Lo que nos aporta la libertad es elegir en qué y cómo queremos trabajar… y para qué.

Libertad emocional

Pero hay un nivel más profundo: la libertad emocional. Cuando tu economía está ordenada, tus decisiones se limpian del miedo. Ya no reaccionas desde la urgencia, sino desde la serenidad. El dinero deja de ser un tema pendiente o un peso, y se convierte en un aliado silencioso. Puedes pensar con amplitud, crear con calma y elegir sin culpa. Esa paz interior, que surge de tener lo material bajo control, te permite mirar más allá de ti y volver a conectar con lo esencial: las personas, el tiempo, las experiencias, el legado. Podemos vivir sin ese vacío o bola de ansiedad que tenemos en nuestro estómago, sin esos domingos de ansiedad. Todo eso lo vamos a superar.

Libertad vital

En su punto más alto, la libertad económica se convierte en libertad vital. Es la que proporciona la sensación de que tu vida ya no está condicionada por obligaciones externas, sino guiada por lo que te da plenitud. Es la posibilidad de vivir en coherencia total: lo que haces, lo que tienes y lo que sueñas, todo alineado. No se trata de dejar de trabajar, sino de trabajar en lo que te gusta, con quien te inspira y de una manera que aporte valor a otros y te devuelva sentido a ti. Esa es la cima: cuando el capital, en lugar de limitarte, te expande. Pero cuidado con malinterpretarlo. No estoy defendiendo que no deba existir ilusión por mejorar, ni motivación por crecer, ni deseo de crear y generar más riqueza para elevar la vida material de los tuyos y la tuya propia. Para nada. Eso es legítimo y, bien entendido, incluso necesario. Lo que defiendo es que todo ese crecimiento se haga desde la consciencia y con un sentido claro, no desde la lógica vacía del «más es mejor», porque esa es la trampa que convierte la ambición en una cadena y una forma sutil de esclavitud.

Por eso, la trascendencia económica no busca generar millonarios, sino personas libres. Personas capaces de moverse dentro del sistema sin perder su identidad, de usar el capital sin ser usadas por él. Personas que entienden que la verdadera riqueza no está en el tamaño de sus cuentas, sino en la amplitud de sus decisiones. Esa libertad es, en definitiva, el punto donde la economía se humaniza, donde el capital encuentra su alma y donde el éxito se transforma en plenitud.

Es el nuevo concepto de inversión: la inversión con alma. Hacer que tu patrimonio, tu capital, trabaje para ti con un propósito.

Ejemplo de guía de plan económico trascendente

1. Plan personal trascendente. El origen de todo.
2. Definición del estilo de vida y necesidades vitales.

3. Diagnóstico financiero honesto (radiografía real de tu situación).
4. Cálculo del coste vital (cuánto cuesta vivir la vida que quieres, no la que el sistema te impone).
5. Estructuración de ingresos y gastos (actuales, potenciales y estratégicos).
6. Optimización del gasto y depuración de lo innecesario.
7. Arquitectura patrimonial (qué tienes, dónde está y para qué sirve).
8. Revisión y eficiencia legal y fiscal del patrimonio.
9. Análisis del plan de inversión.
10. Plan de eficiencia y estabilidad (riesgos, liquidez y resiliencia).
11. Planificación intertemporal: 1 año, 3 años, 10 años.
12. Definición de umbrales de libertad (económicos y vitales).
13. Sistemas de protección y aseguramiento integral.
14. Revisión anual.
15. Impacto y propósito: cómo transforma mi capital, mi vida y la de otros.

Siguiendo estos pasos podrás construir tu propio plan económico orientado a tu trascendencia vital. La trascendencia económica consiste en entender el funcionamiento del sistema con claridad, navegar los mercados sin pretender controlarlos y ser dueño de tus decisiones sin caer en las narrativas del ruido. No se trata de convertirte en un experto, sino de tener el criterio suficiente para no ser manipulado.

No puedes controlar la economía ni predecir los mercados, y tampoco lo necesitas. La mayoría de explicaciones sobre lo que ocurre en ellos son relatos construidos *a posteriori* para dar apariencia de certeza. Lo verdaderamente importante es contar con un plan económico sólido: objetivos claros, comprensión suficiente del sistema, diversificación real y un horizonte de largo plazo. Ese plan es el que permite obtener rendimientos consistentes, evitar grandes pérdidas y, sobre todo, mantener el rumbo cuando el entorno empuja a reaccionar.

Siempre hablo del «punto medio»: un estado mental en el que no eres víctima del FOMO[22], ni del miedo, ni de la avaricia. Es un equilibrio —un zen aplicado a las finanzas— que asume que la economía y los mercados, como la vida, son impredecibles. La mayoría de personas no fracasan por falta de talento, sino por una mala gestión emocional o por no tener un plan, o peor aún, por no ser capaces de mantenerse fieles a él cuando el sistema cruje.

Como recordaba Séneca: «el sabio no desprecia los dones de la fortuna. No ama las riquezas, pero las prefiere, porque ofrecen mayores oportunidades de desarrollo que la pobreza». No hay nada de lo que avergonzarse en lo que has ganado; la vergüenza aparece cuando se hace un uso egoísta o superficial de ello. ¿Por qué no podrías tener un Ferrari? Claro que sí. Solo asegúrate de que eres tú quien conduce el coche, y no al revés.

---

22. *Fear of missing out (FOMO)*: del inglés, «miedo a perderse algo», término acuñado por Patrick J. McGinnis en 2004.

Trascendencia social

La pregunta más persistente y urgente de la vida
es: ¿qué estás haciendo por los demás?

MARTIN LUTHER KING JR.

La trascendencia social es la tercera fase del círculo de trascendencia y representa el momento en que dejamos de valorar la riqueza como algo individual para convertirse en una convicción colectiva.

Hasta ahora estábamos muy centrados en el yo. Esta fase consiste en tomar consciencia también de que todos somos uno. Que la riqueza en todos sus aspectos, si no es compartida, no es tal. Consiste, en otras palabras, en pasar del yo al nosotros.

Después de encontrarte contigo mismo y tu yo del futuro (trascendencia personal) y de ordenar tu mundo material (trascendencia económica), llega el momento natural de abrirte al mundo. En esta fase, el capital —ya libre y estructurado— se convierte en **herramienta de transformación colectiva**. El círculo pasa de ser interior a abrirse y proyectarse hacia el exterior.

Ese capital —nacido de nuestras metas, valores y sueños, y aplicado de forma consciente dentro de un sistema que hackeamos desde dentro— no se queda en nosotros. Sale hacia afuera. Toca la vida de otros. Se preocupa por su realidad y por las desigualdades que el sistema da por normales. Desde ahí nace la necesidad de actuar: aportar, corregir, aliviar. Convertir nuestra disconformidad en acción.

Ese es el verdadero impacto del Capital Trascendente. No es un acto de caridad; es un acto de coherencia. Es la consecuencia natural de haber alcanzado la libertad personal y estabilidad económica: cuando acumular hace tiempo que dejó de ser el motivo, sientes la necesidad de multiplicar sentido e impacto desde tu posición dentro de un todo.

Viendo las definiciones del *DLE* para la palabra social me quedo con estas dos:

1. Perteneciente o relativo a la sociedad.
2. Relativo a las clases sociales económicamente menos favorecidas.

Cuando hablamos de sociedad, lo hacemos como un todo, no como una suma de piezas aisladas. Y es desde ahí desde donde se hace evidente que al sistema actual le interesa que existan diferencias marcadas entre personas y clases económicas. No es casualidad. Estas divisiones generan orden, facilitan el control y sostienen narrativas que justifican tanto lo que hay como lo que falta.

El Capital Trascendente, en cambio, identifica ese sesgo, lo reconoce y lo cuestiona. Porque entiende que esas brechas no son una ley natural, sino un diseño aprendido. Y todo diseño, si deja de servir al bien común, puede —y debe— ser desactivado.

Guay.

Por lo tanto, se trata de poner el foco y la mirada en que existen diferencias injustas entre las personas y que no nos podemos poner de lado porque somos animales de sociedad. Es ahí donde el Capital Trascendente te pide que recorras la siguiente fase.

—¿Puedo quedarme solo en los dos primeros pasos, el personal y el económico?

—Claro que puedes. Nadie te obliga a recorrer el camino completo.

—¿Y entonces ya está? ¿Con eso vale?

—Vale… pero debes saber una cosa: ahí te quedas en la trascendencia del yo. En una versión más pulida del egoísmo.

—¿Egoísmo?

—Sí. Te habrás preocupado solo de ti. Serás un engranaje más elegante dentro del sistema, más consciente que un cordero, pero al final seguirás girando dentro de tu propio yoísmo.

—¿Y el cuarto paso?

—Es imposible llegar a la cuarta fase saltándose la tercera, la social. La fase vital —la del significado profundo de esta vida— solo se abre cuando dejas de mirarte el ombligo y empiezas a mirar hacia fuera. Hasta ese momento, por mucho que creas avanzar, solo estarás viviendo para ti.

¿Cómo vas a poder recorrer el camino si solo piensas en ti?

Es imprescindible recorrer la tercera fase social para acceder a la trascendencia vital.

Pero ahondemos más en la definición de trascendencia social. Puede definirse como la capacidad de usar el capital en todas sus formas: financiera, humana, emocional o simbólica, para generar bienestar, oportunidad y conciencia en otras personas o comunidades. No se trata solo de donar o ayudar económicamente, sino de devolver al sistema valor con intención de mejorar la vida de los demás. De actuar como un eslabón que continúa el flujo de la abundancia, en lugar de interrumpirlo. Crear un flujo virtuoso de riqueza con alma y compromiso.

Porque la riqueza, como la energía, no se destruye, se transforma.

A mis hijos, cuando me preguntan: «¿A quién quieres más, papá?», de corazón, les digo siempre lo mismo: «El amor no se gasta. No se agota. Puedes dar amor a una persona. Una hija. Toda una vida y aun así tener más. ¿Por qué? Porque el amor no es un acto puntual, es una actitud. Y una actitud, cuando es auténtica, es infinita».

Léelo de nuevo, por favor.

Pues la riqueza es igual. Es abundante. No nades en las aguas de la escasez. Para trascender de verdad socialmente deberás abandonar el sentimiento de que dar es perder y cambiarlo por un sentimiento de ganar. Ganan los que reciben, gana la sociedad al volverse más justa, pero, sobre todo, gana el que da. La vida siempre devuelve más de lo que das, os lo aseguro.

Por lo tanto, no es un acto. Es una actitud. Una cualidad que llevamos incorporada. No hay que inventarla ni aprenderla: solo dejarla salir. Quitar capas de cebolla, limpiar el ruido, desmontar los demonios mentales que nos hemos ido creyendo. No se «da» amor como quien entrega un objeto. Se vive en el amor. Por los tuyos. Por los desconocidos. Por quienes sufren.

Es muy difícil llegar ahí, lo sé. Pero hay gente que vive muy cerca de ese estado. Seguro que te los has encontrado: personas que, sin conocerte, con solo mirarte o decirte dos frases, te dejan una sensación cálida, una luz que no sabes explicar. Puede ser un familiar, un vecino, un profesor, un entrenador, alguien del barrio… personas que encarnan una bondad tranquila, firme y serena. Incluso cuando están librando sus propias batallas en la noche oscura.

Esa gente vibra diferente. De verdad. Y a eso aspiramos: a que quienes sentimos este camino, quienes entendemos esta forma de estar en el mundo, podamos vivir —cada vez más— en ese estado. Con amor. Con coherencia. Con quietud. Con valentía.

Como dice uno de mis maestros: «El amor es la nueva revolución».

Trascender socialmente es entender que tu éxito no puede terminar en ti, sino que solo cobra sentido cuando lo pones al servicio de otros. **Del yo al nosotros.**

Si viviéramos en un mundo donde a nadie le importara cómo lo está pasando el de al lado —o el de más lejos—. Si nos quedáramos anclados en la idea de que no es nuestra responsabilidad y de que ya se ocuparán los organismos. Si incluso acabáramos culpando a quienes sufren, entonces el mundo estaría perdido.

Sé que no es así. Lo veo y lo vivo cada día. Pero también

sé que todavía estamos muy lejos de generar el impacto que podríamos. Falta conciencia, falta implicación y falta asumir que mirar hacia otro lado también es una forma de decidir. Además, volvemos a darle en los cataplines al sistema. Como dice el Tao, todo tiende siempre hacia su equilibrio. Pues ahí entramos nosotros: aceleramos ese equilibrio natural. Revertimos, aunque sea un poco, el desequilibrio que genera un sistema frío, superficial y materialista. Devolvemos parte de esa riqueza mal distribuida a quienes más la necesitan.

Y te aseguro algo: estas actitudes dejan al sistema completamente en evidencia. Exponen sus vergüenzas, su desinterés y su incapacidad para cuidar a los vulnerables. Pero también revelan algo igual de triste: la indiferencia de tantos corderos que miran hacia otro lado, que prefieren no ver las necesidades reales del mundo, de las personas.

Porque ayudar, compartir, dar… no solo equilibra; también pone sobre la mesa quién está despierto y quién sigue dormido.

Los anillos de la trascendencia social

Podemos clasificar nuestros objetivos sociales segmentándolos según su nivel de cercanía. Yo los llamo anillos. Como ya hemos comentado, acabar con todas las injusticias del mundo es imposible. Hay que ser humildes y saber cuáles son nuestros límites. Pero, ojo, esos límites suelen ser mucho más amplios de lo que imaginamos. Más adelante os contaré la historia de dos locos que crearon una fundación a catorce mil kilómetros de sus casas. Sí, es posible.

Por eso hablamos de anillos con distintos niveles de impacto social. A muchos nos gustaría ser Martin Luther King, Teresa de Calcuta, Gandhi o el Dalái Lama, y cambiar el mundo desde el pacifismo y la influencia espiritual. Pero cada uno tiene sus circunstancias, capacidades y recursos. Cada uno puede ejercer su impacto desde su lugar, con lo que tiene, y según su propósito.

La clave está en hacer. Sin excusas.

Para eso los anillos son un mapa perfecto.

Primer anillo: el entorno cercano y querido

Quiénes lo componen: tu familia, tu pareja, tus hijos, tus amigos íntimos, tus socios más cercanos, tu equipo directo. Son las personas con las que compartes emociones, decisiones, tiempo y confianza.

Qué representa: este anillo es el núcleo de toda trascendencia. Es donde aprendes a dar sin esperar, a cuidar, a enseñar y a sostener. Si no eres coherente aquí, nada de lo que hagas fuera tendrá verdadero impacto. Debes ser un líder, aunque sea desde el silencio y el ejemplo.

Ejemplos de acciones:

- Dedicar tiempo de calidad y atención real a los tuyos, más allá del éxito o el trabajo.

- Escuchar con atención plena.
- Entender los sentimientos que sufran en cada momento y empatizar.
- Enseñar educación financiera, valores, responsabilidad y propósito a tus hijos o entorno cercano.
- Crear estructuras familiares de protección: testamentos, seguros, planificación patrimonial o fundaciones familiares.
- Apoyar emocional y materialmente a quien atraviesa momentos difíciles.
- Transmitir con el ejemplo, no con el discurso: vivir bajo valores cada día.

El objetivo: transformar tu entorno más íntimo en un espacio de crecimiento, armonía y confianza.

Porque si la trascendencia no empieza en casa, no empieza en ningún lado. Sin este cimiento nada se sostendrá y el resto que venga será una mera pose superficial.

Segundo anillo: el entorno cercano, pero no necesariamente querido

Quiénes lo componen: compañeros de trabajo, clientes, proveedores, vecinos, personas que te cruzas asiduamente, colaboradores, conocidos.

Personas con las que interactúas con mayor o menor frecuencia, aunque la relación sea funcional o circunstancial.

Qué representa: aquí la trascendencia social adopta una forma más estructurada: ética, respeto y ejemplo. Es el espacio donde puedes influir por tu forma de actuar, liderar o decidir.

Ejemplos de acciones:

- Tratar a todos con respeto y amabilidad.
- Compartir conocimiento, abrir oportunidades o mentorizar a quienes lo necesiten.
- Cumplir tus compromisos.
- Crear entornos de trabajo saludables, donde las personas crezcan, aprendan y se sientan valoradas.
- Estar atento y sensible a los estados emocionales de las personas que nos cruzamos.

El objetivo: que tu presencia en el entorno que te mueves genere respeto, confianza y admiración genuina. Aquí tu impacto es cultural: cambias la forma en que otros entienden el éxito, el poder y la riqueza. Mejoras en lo que puedas su día. Incluso sirves de ejemplo en la sombra con tus acciones.

Tercer anillo: la comunidad donde vives y te mueves

Quiénes lo componen: personas que no conoces personalmente, pero con las que compartes espacio y entorno: tu barrio, tu ciudad o tu ecosistema local.

Qué representa: este anillo es el del impacto visible.

Aquí la trascendencia se traduce en acción: invertir, apoyar o participar en proyectos que mejoren la calidad de vida de tu entorno.

Es tu oportunidad de devolver valor al territorio que te dio raíces y posibilidades.

Ejemplos de acciones:

- Ser un líder o empresario que promueve relaciones laborales justas, humanas y sostenibles.
- Apoyar proyectos educativos, deportivos o culturales en tu comunidad.
- Participar en fundaciones locales o en programas de emprendimiento social.
- Promover desarrollo urbano sostenible o recuperación de espacios públicos.
- Colaborar con ONG o entidades que trabajen por la infancia, la inclusión o el medio ambiente.
- Fomentar el empleo local o el comercio de proximidad.

El objetivo: que tu huella se note en el lugar que habitas. Que tu comunidad mejore porque tú existes en ella. Esa es la forma más directa de devolver lo recibido.

Cuarto anillo: las personas que no conoces y que están lejos

Quiénes lo componen: comunidades de otros países, culturas o realidades; personas a las que no conoces e incluso no verás nunca, pero cuya vida puede mejorar por tus acciones.

Este anillo incluye causas globales, problemáticas estructurales o colectivos vulnerables sin conexión directa contigo.

Qué representa: es el anillo del impacto trascendente, el que refleja tu compromiso con la humanidad y con el planeta. Es la excelencia social.

Ejemplos de acciones:

- Inversiones que tengan un impacto en una comunidad lejana: pozo de agua, desinfección de un poblado, escolarización infantil…
- Participar de instituciones que promuevan el crecimiento y la formación infantil.
- Donar contra el hambre.
- Acciones bajo el altruismo efectivo.
- Expresar tu inconformismo ante la pasividad global del resto.

Con las dos fases anteriores del círculo —la personal y la económica—, más la reflexión sobre los distintos anillos de impacto social y nuestras circunstancias reales, podremos elaborar un plan social. Se trata de un documento simple, pero poderoso, que defina, a grandes rasgos, cómo, dónde y con qué intensidad vamos a contribuir al mundo. No para cambiar el planeta entero —eso es una fantasía bonita pero irreal—, sino para cambiar nuestro pequeño mundo, ese que sí está a nuestro alcance.

Guía de plan social trascendente

Un ejemplo de sistema que te puede servir de base para trazar tu plan social podría ser el siguiente:

1. Declaración de propósito social
- Por qué quiero aportar.
- Qué injusticia o situación resuena en mí.
- Qué nivel de implicación quiero tener (emocional, económico, de tiempo).

2. Definir mis anillos de impacto
- **Anillo 1 (cercano):** familia, amigos, círculo inmediato.
- **Anillo 2 (comunitario):** barrio, ciudad, causas locales.
- **Anillo 3 (ampliado):** país, colectivos vulnerables, ONG nacionales.
- **Anillo 4 (global):** causas internacionales, fundaciones, crisis humanitarias.

Paso: elegir en qué anillos voy a actuar este año.

3. Diagnóstico de capacidades
- Tiempo disponible realista.
- Capital que puedo destinar sin comprometer mi plan personal ni económico.
- Habilidades que pueden servir (profesionales o humanas).
- Conexiones o redes disponibles.

4. Líneas de acción social

- Aportaciones económicas recurrentes o puntuales.
- Acciones presenciales o voluntariado.
- Mentorización, acompañamiento, enseñanza.
- Proyectos propios (si procede).

Paso: seleccionar dos o tres acciones concretas y sostenibles.

5. Selección de causas y organizaciones

- Criterios de confianza y transparencia.
- Afinidad personal.
- Impacto directo y verificable.
- Ética y valores compartidos.

6. Presupuesto social anual

- Cantidad fija o variable asignada al impacto social.
- Porcentaje sobre ingresos o sobre patrimonio, si corresponde.
- Frecuencia: mensual, trimestral o anual.

7. Calendario de acciones

- Fechas clave del año en las que actuaré.
- Rutinas mensuales o trimestrales.
- Una pequeña «cita» anual de alto impacto.

8. Indicadores de impacto personal y social

- Qué ha cambiado en mí.
- Qué ha cambiado en los demás.

- Qué aprendizajes obtuve.
- Qué puedo mejorar el próximo año.

9. Revisión anual del plan social
- Qué funcionó y qué no.
- Qué anillos ampliar o reducir.
- Ajustes según mi nueva situación personal y económica.

Me vuelve a la mente el discurso de Winston Churchill en el momento más oscuro de la historia del Reino Unido. Toda Europa había caído bajo el avance relámpago nazi, fruto —una vez más— de la inacción, del apaciguamiento y del egoísmo de unas élites que, por conservar sus privilegios y su *statu quo*, miraron hacia otro lado mientras el monstruo crecía. (Ese patrón, por desgracia, se ha repetido demasiadas veces en la historia europea. Es nuestro gran problema: reaccionamos tarde, confiamos en que «no irá a más», nos conformamos… hasta que la realidad nos pasa por encima.) Se produjo en junio de 1940 y se tituló «Lucharemos en las playas…». Aquí un fragmento célebre: «Lucharemos en las playas, lucharemos en los campos de desembarco, lucharemos en los campos y en las calles, lucharemos en las colinas; nunca nos rendiremos».

Pues eso es lo que tenemos que hacer. Cada uno en su medida y situación. Luchar contra la injusticia social. Luchar en una comunidad real. Humana. Desde lo más cercano. Desde lo más simple. Y desde ahí amplificar en las posibilidades de cada uno.

Aquí el dar se convierte en misión. Ya no actúas solo por cercanía, sino por conciencia.

En todos los casos, el principio es el mismo: tu riqueza, tu experiencia y tu influencia dejan de ser un fin personal para convertirse en una fuerza de transformación. Eso es trascender socialmente en su nivel más alto: hacer que tu historia se conecte con la evolución del mundo.

Trascendencia vital

> No es suficiente con vivir. Hay que saber por qué se vive.
>
> ALBERT CAMUS

Llegamos a la última fase de nuestra transformación. La cuarta fase de la trascendencia, y la última, la vital.

Este sería el punto donde todo se une y en esa totalidad conseguimos acallar las voces que nos atormentan. Deshacer esa bola en el estómago. El sentirnos plenos y en el camino correcto. Fuertes para afrontar lo que nos depare la vida y firmes para saber quiénes somos y cómo hemos decidido vivir. Saber quiénes somos.

Recapitulemos

En la primera fase del círculo y mediante la toma de consciencia, que nos debe acompañar ya durante toda nuestra vida, diseñamos nuestro plan personal decidiendo cómo queríamos vivir y quiénes queríamos ser dentro de este circo sin razón de sistema y sociedad en que vivimos. El plan es un inicio y un final más en el camino por recorrer.

En la segunda fase aterrizamos el plan personal dentro del sistema de cosas que nos toca vivir. Dimos forma al plan económico. Ordenando todo lo material, económico y financiero necesario para alcanzar nuestras metas. Alcanzamos la libertad gracias al plan económico. Pero seguíamos instalados en el yo.

En la tercera fase, la social, nos abrimos al nosotros e incorporamos no solo la conciencia social, sino que tomamos acción eligiendo las batallas que queríamos librar. Elaboramos un plan social adecuado a nuestras condiciones, causas y particularidades.

«¡¡¡¡¿Y qué nos falta, Francisco?!!!!», me diréis.

Ay, amigos. Nos falta la guinda del porqué de todo. La esencia de qué significa nuestro paso por esta vida. El significado. El propósito. La motivación vital que hace que mi vida haya tenido un sentido. Que haya sido vivida, de verdad. Con más o menos altavoz. Con más o menos espectacularidad. Pero auténtica. Como dijo Gandhi: «Que mi vida sea mi mejor enseñanza».

Después de la identidad (personal), la libertad (económica) y el impacto (social), llega la dirección final: decidir cómo integrar todo eso en una vida que nos llene y tenga sentido para nosotros.

La trascendencia vital llega cuando ya no puedes esconderte detrás de excusas ni de historias que te contabas para sobrevivir en el sistema. Es el momento en el que, después de construir quién eres, ordenar tu vida y abrirte a los demás, te toca enfrentarte a la pregunta más incómoda de todas: ¿qué hago yo aquí? ¿Cuál es mi papel real en esta vida? Ojo, porque esta pregunta no es filosófica; duele, remueve y te deja desnudo. Pero también es el inicio de la verdad.

Cuando llegas a este punto ya has recorrido un camino enorme. Has asumido quién eras hoy sin mentirte, has definido quién querías ser, has ordenado tu economía para no ser esclavo y has decidido qué tipo de impacto querías generar en los demás. Hasta aquí, impecable. *Chapeau.* Pero todo eso, si no se integra en un propósito que te dé dirección y sentido, se queda incompleto. Como una casa preciosa sin cimientos sólidos.

La trascendencia vital exige parar. Respirar. Callar el ruido interno y externo. Es el instante en que te obligas a preguntarte qué tipo de vida quieres vivir cuando ya nadie te mire, cuando no dependas de aplausos, cuando no tengas que demostrar nada. Es ese momento brutal en que las máscaras se caen, cuando lo accesorio pesa cero y lo esencial te mira a los ojos sin piedad.

Aquí es donde el sistema, con toda su fuerza manipuladora, intenta recuperarte. Te susurra que no te compliques, que sigas haciendo lo que hacías, que te conformes. Te promete estabilidad, rutina, comodidad. Pero ya no cuela. Porque después de haber visto las tripas del sistema, de haberlo hackeado desde dentro y de haber entendido sus trucos, sabes perfectamente que la comodidad es solo la correa más elegante que tiene para tenerte atado.

La trascendencia vital empieza cuando decides no volver a ser un cordero. Cuando eliges no dedicar tu vida a cumplir expectativas ajenas. Cuando ya no te basta con sobrevivir, ni con «ir tirando», ni con vivir para pagar facturas. Aquí se despierta la necesidad de sentido. Y es una necesidad poderosa, primaria, diría que incluso espiritual, aunque odie la palabra cuando se usa con cursilería.

Pues eso, pero aplicado a cualquier vida. Cuando la persona que has sido ya no te sirve y la que quieres ser aún no existe. Ese puente. Ese cruce. Ese salto al vacío. La trascendencia vital es eso. Es atreverte a construir una ocupación que no es un trabajo, sino un papel vital. Es responder a las preguntas: ¿cuál es mi función en el mundo? ¿Qué legado quiero dejar, aunque sea pequeño, aunque lo vean solo tres personas?

Cuando hablo de legado no hablo de objetivos épicos grandilocuentes. No tienes que ser Premio Nobel de la Paz. Puedes ser un padre o una madre que educa con conciencia. Un amigo que inspira. Un profesional que trabaja con integridad. Un vecino que aporta calma y humanidad. Una persona que decide vivir alineada consigo misma en un mundo que quiere que vivas dormido. Eso ya es un legado. Más grande que muchas estatuas y discursos.

La trascendencia vital es decidir qué te hace sentir vivo. Qué te conecta contigo. Qué te da fuego. Qué te da paz. Y, sobre todo, qué te permite mirar atrás dentro de veinte años y decir: «Viví como yo quería. No como querían que lo hiciera y valió la pena». Ese es el objetivo final del círculo trascendente: no tener una vida perfecta, sino una vida coherente, saludable y con significado.

Esto no va de encontrar «tu pasión». Esa frase es una trampa. Va de encontrar tu centro. Tu verdad. Tu papel en esta vida. Y ese papel no siempre es glamuroso, ni espectacular, ni de película. A veces es simple, discreto, silencioso. Pero si es tuyo, si lo eliges tú, si lo vives tú, entonces es trascendente. Porque te pertenece.

Desprogramación

Aquí llega la parte más jodida: para descubrir tu papel vital tienes que desprogramarte. Quitar capas. Sacudir creencias que no eran tuyas. Hacer limpieza de expectativas que te han metido desde pequeño. Preguntarte qué hubieras querido ser si nadie te hubiera dicho lo que «debías» ser. El sistema ha construido una vida estándar para todos: estudia, trabaja, consume, produce, calla, repite. Tú vas a romper eso.

La trascendencia vital exige una decisión radical: vivir una vida que tenga sentido para ti, aunque no tenga sentido para nadie más. Elegir tu forma de vivir, aunque el sistema diga que no es «eficiente», ni «rentable», ni «productiva». Atreverte a caminar tu propio camino, sabiendo que habrá gente que no lo entienda. Pero la verdad es que esa gente nunca tuvo que entender nada: el camino es tuyo, no suyo. Sí, es un proceso. No una iluminación instantánea. No un momento «ajá» de película. Es una transición que puede durar meses o años. Es prueba, error, ajustes. Es descubrir qué te mueve. Es decir «sí» a lo que te enciende y «no» a lo que te apaga. Es aprender a escuchar el cuerpo y no solo la cabeza. Es permitirte cambiar sin pedir permiso. Es vivir despierto.

Somos cambio

La trascendencia vital también incluye algo delicado: aceptar que el significado puede cambiar a lo largo de tu vida. Que lo que hoy te mueve puede que mañana ya no lo haga. Y no pasa nada. La vida es evolución, no rigidez. Nada es permanente. El sistema quiere que seas una pieza estática. La trascendencia quiere que seas un ser vivo que crece, cambia, busca, siente.

Aquí viene la parte que más me gusta: cuando alcanzas la trascendencia vital, tu vida deja de girar alrededor del sistema y empieza a girar alrededor de ti y de la comunidad. Ya no eres un engranaje que gira porque lo empujan. Eres el motor. Tú decides cuándo aceleras, cuándo frenas, cuándo paras y cuándo vuelves a arrancar. Y eso, amigo mío, es libertad. Libertad real. No la que te venden en anuncios de coches y bancos.

Cuando llegas aquí el ruido baja. La ansiedad baja. Ese nudo en el estómago desaparece. Se enciende una luz suave, discreta pero firme. Vas por la vida con otra mirada. Y lo notas tú. Y lo nota la gente. Y ahí entiendes que vivir con trascendencia no es un lujo, es una necesidad básica que el sistema ha intentado eliminar porque una persona consciente es imposible de manipular.

Porque ese es el punto final y secreto: la trascendencia vital te hace indomable. Ya no te pueden comprar con un sueldo, ni asustar con repercusiones, ni controlar con el miedo al qué dirán. Ya no te pueden mover como una ficha. Y cuando una persona vive desde ese lugar ya ha ganado. El sistema pierde un cordero y gana un tigre.

Ahí, en esa libertad interior, encuentras tu ocupación vital. Tu sentido. Tu misión. No lo que haces para ganarte la vida, sino lo que haces para vivirla. No lo que te da dinero, sino lo que te da paz. No lo que te aplauden, sino lo que te sostiene. Ese es el final del círculo trascendente. Y el inicio de una vida que vale la pena vivir.

Te dejo una pequeña guía que se puede ampliar o reducir en función de cada persona. Porque ahora se trata de hacerse las preguntas idóneas, ser sincero en las respuestas y valiente en la ejecución. De estas respuestas saldrá nuestro plan vital trascendente.

1. ¿Quién soy cuando nadie me mira?

- ¿Qué partes de mí he interpretado para encajar en el sistema?
- ¿Qué cosas hago solo por obligación, estatus, miedo o tradición?

- ¿Qué cosas hago que realmente me representan?
- ¿Qué me avergüenza admitir de mí mismo?
- ¿Qué me gustaría dejar de ser, pero no me atrevo?

2. ¿Qué me enciende de verdad?

- ¿Qué actividades me hacen perder la noción del tiempo?
- ¿Qué conversaciones me hacen sentir vivo?
- ¿Qué temas podría leer, estudiar o practicar durante horas sin cansarme?
- ¿Qué me da energía, incluso cuando estoy cansado?

3. ¿Qué me apaga?

- ¿Qué cosas me drenan sin piedad?
- ¿Qué situaciones o personas me hacen sentir que no soy yo?
- ¿Qué tareas hacen que mi cuerpo se tense automáticamente?
- Si mañana pudiera dejar de hacer algo para siempre, ¿qué sería?

4. ¿Qué papel quiero tener en el mundo?

- ¿Quiero acompañar, construir, inspirar, liderar, educar, crear, sanar, proteger?
- ¿A quién quiero impactar con mi vida?
- ¿En qué dimensión quiero dejar huella: familiar, local, profesional, espiritual, social?
- Si mi vida fuera un mensaje, ¿cuál sería?
- ¿Qué quiero que digan de mí cuando no esté?

5. ¿Qué legado quiero dejar?

- ¿Qué quiero que mis hijos o la gente que amo aprendan de mi forma de vivir?
- ¿Qué ejemplo quiero ser?
- ¿Qué cosas quiero que mejoren en otros porque yo existí?
- ¿Qué tipo de huella quiero dejar, aunque la vean solo tres personas?

6. ¿Qué ocupación me daría sentido cada mañana?

- ¿Qué actividad diaria me haría sentir útil, vivo y en coherencia con mi plan personal?
- Si no existiera el dinero, ¿a qué dedicaría mi tiempo?
- ¿Qué tipo de proyectos o misiones me harían saltar de la cama?
- ¿Qué tipo de trabajo sería un crimen que yo no hiciera?

7. ¿Qué estoy dispuesto a sacrificar?

- ¿Qué comodidad estoy dispuesto a abandonar?
- ¿Qué rutinas debo romper?
- ¿Qué máscaras debo quitarme?
- ¿Qué «riquezas falsas» estoy listo para soltar?
- ¿Qué miedos tengo que mirar de frente?

8. ¿Qué necesito aprender para vivir esa vida?

- ¿Qué habilidades necesito desarrollar?
- ¿Qué hábitos debo construir o eliminar?
- ¿Qué maestros, mentores o lecturas pueden acompañarme?
- ¿De qué ignorancia tengo que salir ya?

9. ¿Qué estructura me sostiene?

- ¿Cómo organizo mi tiempo para vivir de acuerdo con mi propósito?
- ¿Qué roles personales debo redefinir: padre/madre, pareja, profesional, amigo?
- ¿Qué límites debo poner para proteger mi energía?
- ¿Qué ritual me conecta con mi centro cada día?

10. ¿Cómo sabré que estoy en el camino?

- ¿Qué señales internas me dicen que voy bien?
- ¿Qué indicadores externos puedo observar?
- ¿Cómo sé que estoy viviendo mi vida y no la del sistema?
- ¿Cómo mediré mi crecimiento, no en dinero, sino en paz, coherencia y significado?

11. ¿Qué pasa si no hago nada?

- ¿Cómo sería mi vida dentro de cinco, diez o veinte años si sigo igual?
- ¿Qué perdería por inacción?
- ¿Qué versión mía moriría sin haber vivido?
- ¿Qué arrepentimiento estoy sembrando hoy?

12. ¿Qué versión de mí quiero entregar al mundo?

- Si pudiera diseñarme desde cero, ¿cómo sería?
- ¿Qué cualidades quiero encarnar cada día?
- ¿Qué historia quiero contar con mis acciones?
- ¿Qué tipo de persona sueño con ser cuando cierre los ojos por última vez?

Espero que estas preguntas te ayuden a encontrar la respuesta.

A lo largo de estos años me he encontrado muchas veces en esta fase con los atletas a los que, con orgullo, acompaño como consejero. La vida del atleta profesional —aunque desde fuera solo se vean focos, sonrisas y brillos— es durísima. Exigente hasta niveles que la mayoría de la gente ni imagina. Y, para rematar, acompañada de una inestabilidad contractual y económica que en el mejor de los casos te sitúa en el final de tu carrera profesional con alrededor de treinta y cinco años. A esa edad, cuando muchas personas apenas están despegando en su profesión, tú ya estás fuera del terreno de juego. Y con toda la vida por delante.

Sé perfectamente de lo que hablo. Lo he vivido en mis carnes y lo he visto repetirse una y otra vez. He tenido que lidiar con «el día después» de muchos atletas, y espero seguir ayudando en ese tránsito porque, créeme, es casi como vivir un entierro: muere el atleta… y tiene que nacer una nueva versión de sí mismo.

En este proceso me he encontrado de todo. Transiciones limpias, rápidas, casi naturales. Y otras traumáticas, lentas, llenas de negación, resistencia y miedo. He visto cómo algunos intentaban seguir aferrándose a un rol que ya no existía. Cómo otros se derrumbaban al dejar de recibir, de un día para otro, llamadas, invitaciones o atenciones «interesadas». En esos momentos, descubres algo que duele, pero libera: quién te quería por lo que eres y quién solo por el papel que ocupabas.

No es fácil. Nada fácil. Pero también sé —y esto lo veo continuamente— que cuando aplicamos este método, cuando trabajamos la trascendencia personal, económica y social, cuando diseñamos ese nuevo plan vital, los atletas empiezan a reconectar con una sensación que creían perdida: paz, tranquilidad y, sobre todo, libertad. Libertad para diseñar su nueva etapa. Para decidir quiénes quieren ser ahora, sin focos, sin camisetas, sin himnos ni estadios. Desde lo profundo. Desde lo verdadero. Con el tiempo que necesiten.

Y así se cierra —o, mejor dicho, se abre— la última fase del círculo de la trascendencia: el plan vital.

Sin la angustia del «debería», sin la culpa del pasado, sin la ansiedad del futuro. Con una vida que por fin respira a nuestro ritmo y no al ritmo del sistema.

Porque recorrer este círculo —una y otra vez— nos acerca a una existencia más coherente, más saludable, más digna de ser vivida. Una vida con significado, con propósito, con dirección. Una vida con alma.

Si logramos eso, aunque sea un poco, aunque sea imperfecto, aunque sea en un pequeño rincón del mundo… entonces podemos decir que hemos trascendido.

9. Together for the future

Gate for Children Foundation

Cuando hablo de la trascendencia y de cada uno de sus pasos, lo hago desde una filosofía muy clara, estructurada y contrastada, aplicada desde 2009 con resultados reales en atletas y empresarios. Pero esa filosofía solo sería una teoría si yo mismo no la aplico en mi vida. Sería incoherente y perdería toda legitimidad. Todo lo que explico nace de mis propias vivencias, experiencias, aprendizajes y procesos de reflexión.

Por eso quiero contar la historia y la misión de Gate for Children Foundation, una expresión directa de esa trascendencia social llevada a un nivel radical: ayudar a quienes no conoces, a quienes no te pueden corresponder, a quienes están lejos de tu entorno, pero no de tu responsabilidad moral, valores o trascendencia. Gate es, en mi caso, la forma más pura que encontré de materializar esa parte del camino.

Creamos la fundación en 2008 junto a mi amigo y hermano —de esos que no lo son por sangre, pero la vida te pone delante para caminar juntos— Juan Povedano, también exjugador de fútbol y empresario dentro del sector deportivo. Nació de conversaciones largas, de experiencias compartidas y de una inquietud común por hacer algo que trascendiera nuestras propias historias personales.

La misión de Gate for Children es directa y no admite matices: **combatir y reducir las desigualdades que golpean a los niños más vulnerables del mundo.**

Es un concepto sencillo de entender, pero es, al mismo tiempo, una misión titánica porque se enfrenta a problemas profundos, estructurales y muchas veces invisibles para quienes no los viven en primera persona.

Algo sencillito nos propusimos... Pero lo hicimos. Lo estamos haciendo.

Todo comenzó en agosto de 2016, aunque, si lo miro con perspectiva, la semilla llevaba tiempo plantada. En Ariete, con mis amigos y tigres, la trascendencia social era un tema recurrente desde hacía años. Teníamos una llamada interior que aparecía cada vez con más fuerza; una mezcla de necesidad, responsabilidad y deseo real de ayudar a quienes se encontraban en situaciones mucho más desfavorecidas que las nuestras. Para nosotros, la riqueza —y no me refiero solo a la económica— no tenía sentido si no era compartida de alguna forma con quienes no habían tenido las mismas oportunidades, ni el mismo contexto, ni las mismas condiciones. Queríamos cerrar el círculo natural de la abundancia, cada uno desde nuestras posibilidades, aportando a proyectos con alma y, sobre todo, con impacto real.

Durante 2015 y 2016 estuvimos estudiando diferentes propuestas y modelos de acción social. Conocimos a personas muy inspiradoras, auténticos referentes que habían dejado atrás vidas cómodas para dedicarse a ayudar a los demás. Admirábamos sus trayectorias. Pero, por algún motivo, ninguna colaboración terminaba de cerrarse. Parecía que siempre faltaba algo: una pieza del puzle, un alineamiento interno, una señal. Con el tiempo he entendido que no era casualidad. La vida tenía preparada otra opción, mucho más profunda, más directa y, sobre todo, con trascendencia propia.

Y así llegó agosto de 2016. Tenía cuarenta y tres años y me regalé uno de esos sueños que arrastras desde joven sin ponerles fecha. Con Juan Povedano —Pove— nos embarcamos en un viaje a Tailandia. Los dos éramos exfutbolistas, empresarios del deporte y compartíamos una visión del mundo muy similar. Era el típico viaje que uno imagina con veinte años, pero que la vida va posponiendo. Nunca había estado en Oriente. Me había pasado media vida leyendo sobre taoísmo y zen, empapándome de su filosofía, pero mis viajes apenas habían ido más allá de Europa. Llegar allí fue como abrir una puerta que llevaba años esperando que la empujara.

Estuvimos un mes recorriendo Tailandia, viajando sin prisa, sin planificación estricta, sin lujos innecesarios. Fluyendo. Era el viaje perfecto para observar, para escuchar, para absorber. Hicimos la clásica ruta cultural entre Bangkok y el norte durante la primera parte y luego nos desplazamos hacia las islas en busca de naturaleza y calma. Aún conservo y recuerdo la sensación de paz que me acompañaba aquellos días. Era como si cada templo, cada mercado, cada silencio y cada conversación con la gente local me colocara más cerca de algo que no sabía definir, pero que intuía importante. Y, por supuesto, más cerca de mi esencia vital.

Uno de aquellos días, estando en Chiang Mai, la vida volvió a pronunciarse. Teníamos cuatro noches libres por delante y queríamos pasarlas en una isla. Unos conocidos españoles nos insistían en ir a Koh Phangan para la famosa Full Moon Party, una fiesta multitudinaria a la luz de la luna. No era ese el plan que mi alma me pedía. Necesitaba un lugar para asentar las vivencias, las reflexiones, las imágenes de los budas, y digerir todo aquello en un entorno más auténtico y salvaje.

A las 23:30 de la noche decidimos, casi sin pensarlo, reservar un vuelo a Phuket. Lo conocíamos de oídas, como esos destinos que se idealizan desde la distancia, y decidimos comprobar por nosotros mismos si aquello era para tanto. No sabíamos que ese pequeño gesto —un clic en un móvil a medianoche— marcaría el destino de muchos niños en los años siguientes. Porque la vida funciona así: te empuja hacia el lugar exacto de formas que no entiendes hasta mucho después.

Pasamos cuatro días en Phuket. Cuatro días que terminaron siendo un punto de inflexión. Nos mezclamos con la gente, con los pequeños vendedores, con los niños que jugaban en la playa, con los trabajadores locales. Algo empezó a moverse dentro de nosotros. Un clic mental. Un entendimiento silencioso. Una sensación compartida. Todo se desencadenó una tarde, casi al final del viaje, mientras jugábamos un partido improvisado en la playa.

Pove tenía la costumbre de comprar una pelota cada día y, al final de la jornada, regalársela a algún chaval local. Durante el día jugábamos con ella cada vez que encontrábamos un rato.

Yo soy un asiduo a Ibiza desde hace veinte años. La familiar, la natural. Sus puestas de sol son legendarias en el mundo. Tanto por su belleza como por el estilo que le rodea. Puedo deciros que como las que vivimos cada día en Phuket no las he visto nunca. Te sentías pequeño. Frágil. Insignificante ante tanta belleza natural.

Aquel día, como tantas veces, montamos un partidito. Éramos un grupo heterogéneo: turistas, vendedores ambulantes, socorristas, niños tailandeses... una mezcla improbable de personas que, sin mediar palabra, se comprendían a través del fútbol. Me salí un momento del partido para respirar, agotado por el calor, y me senté en una silla que me cedió un vendedor amigo. Me puso una cerveza delante y dejó otra para Pove. Sabía que nos gustaba ver el atardecer en silencio.

Allí sentado, con la playa cayendo en penumbra y el sonido del juego de fondo, tuve una sensación física, real, casi eléctrica. Una mezcla de quietud, lucidez y certeza. Observé a todas aquellas personas jugando y relacionándose desde algo tan básico como un balón, y entendí cómo un simple acto podía igualar por completo las diferencias sociales, económicas y culturales. El fútbol, o cualquier deporte, era un puente. Y pensé en los niños que vivían allí, en las condiciones duras de muchos de ellos, especialmente las niñas, cuya realidad en demasiados casos es mucho más complicada. Aterradora a veces.

Cuando Pove se sentó a mi lado, le expliqué lo que había sentido. Hablamos de todo aquello que habíamos observado. En esa conversación nació una llama clara: «Tenemos que hacer algo», «Tenemos que ayudar de alguna manera», «Tenemos que transformar todo esto en una acción real», «Cristalizar lo vivido en una acción que mejore e impacte lo que ya existe».

Yo le hablé mucho de la trascendencia social. Al estilo de Máximo Décimo Meridio en la película *Gladiator*: «Lo que hacemos en la vida resuena en la eternidad».

Más trascendente que eso...

Si hubiéramos escogido la otra opción que nos llevaba a Koh Phangan en vez de Phuket... pues seguramente nunca hubiéramos creado la Fundación Gate for Children con un proyecto en Phuket dedicado a niños con necesidades básicas.

Durante el vuelo de vuelta a España, ya con el viaje terminando, comenzamos a escribir un documento inicial. Un borrador. Un *white paper* improvisado que recogía ideas, conceptos, necesidades y primeras líneas de lo que podría ser un proyecto social en Phuket orientado a mejorar las oportunidades presentes y futuras de niños que carecían de necesidades básicas. No entraré en detalles concretos de esa realidad, pero las carencias eran profundas, muchas asociadas a la base de la pirámide de Maslow: seguridad, vivienda, salud, alimentación, educación. Y todo ello lo vivían en plena infancia.

Durante los siguientes meses hicimos varios viajes relámpago a Phuket. Entre viaje y viaje trabajábamos a fondo en los momentos que nos dejaban nuestras obligaciones laborales y personales. Teníamos clarísimo el qué y el porqué, nos faltaba aterrizar el cómo. No fue fácil. Varias veces estuvimos a punto de abandonar. Recuerdo una conversación con mi madre. Me preguntó por qué no montábamos el primer proyecto de Gate más cerca, en España. Su lógica era impecable. Mi respuesta fue igual de simple: «Lo vamos a montar donde la vida nos ha dicho que lo montemos». Y, como tantas veces, la vida tenía razón.

Montar un proyecto social a casi diez mil kilómetros no es sencillo. Fue duro. Íbamos muy a oscuras con un fin claro, pero descubriendo el cómo en un lugar difícil para eso. Tuvimos una suerte enorme: desde el primer momento contamos con el apoyo de los *gaters*, así llamamos a los donantes y colaboradores —económicos y no económicos— que hicieron posible que Gate naciera. Habíamos sembrado durante años la idea de trascendencia social dentro de Ariete y nuestro entorno, y teníamos a muchas personas vibrando en esa misma frecuencia, dispuestos a aportar su grano de arena en un frente nuevo: el social. El de no dejar atrás a quienes más lo necesitan. El de empezar por el futuro: los niños.

En uno de esos viajes, cuando casi no sabíamos cómo continuar, a punto de tirar la toalla, conocimos por azar a una persona extraordinaria: Roelien Muller. Una mujer discreta, fuerte y profundamente comprometida, que lideraba Asian Center Foundation, un proyecto social en Phuket con una trayectoria impresionante. Roelien no busca focos. No necesita reconocimiento. Ama el trabajo silencioso. Y desde el primer momento creyó en nuestra visión y en la metodología formativa que queríamos llevar a cabo con Gate. Ella nos abrió la puerta para poder actuar en Phuket.

En octubre de 2018, se produjo el primer entrenamiento-clase de Gate for Children en la ciudad de Kathu, en Phuket. Recuerdo perfectamente ese momento. Cuando terminó, Pove y yo nos miramos y lloramos. Habíamos logrado convertir aquella idea que nació en un partido de fútbol en una playa en un proyecto real.

Para que eso sucediera, tanto en la preparación como en los primeros meses, Pove se trasladó a vivir a Phuket, parando su mundo en Madrid, con el fin de crear el método, el equipo y las relaciones institucionales necesarias. Sin ese acto de generosidad que tuvo, Gate Tailandia no existiría y no habríamos impactado a más de quinientos niños y niñas desde 2018. Más tarde se le unió Nacho Maestre como director y, a partir de ahí, ya nuestra guerra contra las injusticias sociales que sufren niños y niñas iba a por todas. Gracias, Comando.

Desde entonces hemos ido desarrollando un método mixto que combina formación en valores, habilidades para la vida y recursos personales con entrenamientos deportivos exigentes, especialmente a través del fútbol. Esta combinación ayuda a los niños a desarrollar cualidades fundamentales para su presente y su futuro: disciplina, trabajo en equipo, resiliencia, autoconfianza, visión, esfuerzo y estructura emocional.

Además del programa principal, fuimos diseñando e implementando iniciativas complementarias que detectamos como imprescindibles:

• **Scholarship Program:** apoyo escolar sostenido.
• **Formación en inglés**, fundamental para su futuro laboral.
• **Soporte educativo hasta la universidad**, acompañándolos durante todo el ciclo: de niños a adultos.
• **Heart Program**, centrado en niños con carencias graves:
    – Viviendas insalubres.
    – Problemas de alimentación y cobertura básica.
    – Necesidades médicas o psicológicas.
    – Apoyo económico transitorio.
    – Intervención en dinámicas familiares complicadas.

Entre los programas que aún están en desarrollo hay uno que me toca de manera especial y que está todavía en fase de crecimiento: el **Curation Program**. Es un proyecto que nace de una intuición sencilla pero poderosa: mejorar la vida de una familia no siempre requiere grandes estructuras, sino una oportunidad concreta, un impulso inicial que les permita poner en marcha un pequeño emprendimiento propio.

La idea es acompañarlos desde lo básico y ofrecerles los recursos iniciales —un microfondo o microcrédito, una herramienta, una compra concreta— que después irán devolviendo poco a poco, no como deuda, sino como un compromiso natural con quienes vendrán después.

El objetivo es claro: que en un periodo breve puedan alcanzar autosuficiencia, mejorar su nivel de vida y, quizá lo más importante, fortalecer su dignidad, su sentido de realización y su confianza interna al convertirse en dueños de su propio proyecto. A veces basta con algo tan simple como financiar un carrito de venta de comida para que una familia pueda generar ingresos de forma estable, o comprar un ordenador para que unos padres puedan enseñar informática a sus vecinos y ampliar así las posibilidades de su comunidad.

Se trata, en esencia, de **entregar la caña y no el pez**, pero hacerlo con una mirada más profunda: que el capital actúe como un empujón positivo, como una energía que pone en marcha una rueda virtuosa capaz de sostenerse sola. Cuando el capital se utiliza así —con intención, con diseño, con humanidad— deja de ser un recurso frío y se convierte en un puente hacia una vida mejor.

El Curation Program representa una idea que atraviesa todo lo que hacemos en Gate: que el cambio real no llega solo desde la ayuda inmediata, sino desde la capacidad de crear estructuras que generen autonomía y crecimiento sostenido. Es la unión entre la acción social y la trascendencia personal. Es comprender que, cuando damos oportunidad en vez de dependencia, no solo transformamos la vida de una familia, sino que ampliamos el círculo de dignidad y futuro que define el propósito más profundo de nuestra misión.

Con estos programas, y con un equipo local tailandés comprometido y preparado, buscamos impactar de la forma más positiva y eficiente en la vida de esos niños. El objetivo es muy concreto: **que tengan una infancia digna y una oportunidad real de futuro.**

Hoy podemos decir que lo estamos consiguiendo. Las primeras promociones ya están en edad universitaria. Muchos de ellos, sin Gate en sus vidas, habrían abandonado sus estudios para dedicarse a trabajos inestables y precarios, pero ahora tienen una alternativa viable y digna.

Actualmente estamos analizando nuevos proyectos en otras geografías que cumplan los estándares que aplicamos en Phuket, con el fin de seguir ampliando nuestro impacto.

Nada de esto habría sido posible sin todas las personas que han aportado algo en algún momento del proceso: Pove, Nacho, Fernanda, Ecequiel, Elle, Ken, Jane, Roelien, todos los *gaters* y muchas más personas. Gracias de corazón verde a corazón verde.

Aquí quiero hacer un inciso: si eres *Gater* o participas apoyando una causa social, de la forma que sea, quiero decirte una cosa: felicidades. Porque eres un héroe. En un mundo cada vez más dominado por el yo, la prisa, la apariencia y el egoísmo, todo el mundo habla de compromiso social, pero la verdad —la verdad cruda— es que muy pocos lo ejercen de verdad. Tú no. Tú has elegido no mirar hacia otro lado. Has decidido dar un paso al frente. Has decidido ayudar. Has tomado partido.

Gracias por estar aquí. Gracias por elegir Gate.

Y si algún día no es Gate, que sea otra causa que funcione de verdad, alejada de burocracias inútiles, egos institucionales y paripés de postureo social. Lo importante no es el logo, es el impacto. Y tú ya formas parte de eso.

Eres un héroe. De verdad.

Has dado comida. Has dado un techo. Has dado formación. Has dado deporte, ropa, protección y alegría. Pero lo más grande —lo que no aparece en ninguna foto— es que has dado esperanza de un futuro mejor a niños. Has demostrado a esos niños y niñas que en algún lugar del mundo hay personas que piensan en ellos, que se preocupan por su futuro, que cruzan miles de kilómetros para estar a su lado y decirles, sin palabras: «**No estáis solos**».

Ellos lo sienten. Créeme. Lo perciben cuando llegamos. En sus ojos. En cómo te cogen la mano. En cómo te abrazan sin conocerte. En cómo sonríen sin tener nada. Y ahí, justo ahí, uno entiende que el amor se multiplica cuando se entrega, que la ayuda no es caridad: es justicia.

Si eres *Gater* o donante social, formas parte de algo raro. De algo precioso. De una minoría que actúa mientras la mayoría observa. De una minoría que construye mientras otros critican. De una minoría que se mueve mientras otros se excusan.

En los primeros cinco años, han pasado por Gate más de quinientos niños. Más de doscientos participan de manera regular cada curso en programas continuos que abarcan edades desde los cinco hasta los diecisiete años. El trabajo es exigente, requiere constancia y estructura, pero cada avance, cada historia personal y cada oportunidad creada justifican con creces las horas, el esfuerzo y los desafíos que hemos asumido desde el inicio.

El siguiente objetivo ya está definido: **lograr un impacto profundo y sostenido en mil niños** y poner en marcha nuevos proyectos complementarios dentro de Gate Phuket que amplíen las posibilidades educativas, vitales y sociales de la comunidad a la que servimos.

Mientras ese camino se desarrolla, la única obligación real es mantener la coherencia con nuestros principios. Actuar como pensamos, construir como creemos y avanzar sin desviarnos del propósito que nos trajo hasta aquí.

Que el corazón se nutra y nos recuerde quiénes somos como persona y como comunidad.

Una historia de Gate

Aquí necesito hacer dos incisos, porque son dos temas que siempre me tocan una fibra sensible y que, con el tiempo, he aprendido a mirar con más serenidad, pero también con más profundidad.

1. Ayudar dentro de otra comunidad es infinitamente más difícil de lo que parece desde fuera. Esta es una realidad que hemos vivido en Gate y que también viven muchas personas que intentan mejorar situaciones ajenas. Para empezar, esa persona, esa familia o ese colectivo tiene que querer ser ayudado; si no hay una apertura mínima, cualquier esfuerzo se pierde.

No somos conquistadores que llegan con una verdad absoluta bajo el brazo para imponer su versión de la felicidad. No funciona así. La ayuda debe encajar con su cultura, con su forma de vivir, con lo que entienden como «normalidad». En última instancia —la parte más compleja—, deben creerte lo suficiente como para permitirse a sí mismos cambiar.

Con los niños es más sencillo: son más abiertos, más curiosos, más flexibles. Pero con los adultos nos hemos encontrado situaciones sin salida, con frustración por ambas partes, porque, por muy precaria que sea su vida, no desean cambiarla o no se sienten capaces de hacerlo. Si alguien no quiere moverse, no hay plan, ayuda ni intención que lo empuje.

Ayudar, incluso con la mejor de las intenciones, no es fácil y se debe hacer con cuidado, sopesando muy bien cualquier acción con antelación y sus consecuencias. Cualquier cambio significativo puede cambiar el funcionamiento normal de ese ecosistema y causar perjuicios más grandes del bien que queríamos aportar.

2. El segundo inciso va para quienes hacen lo que yo llamo «viajes de pobreza». Viajes para ver pobres. Lo digo con franqueza: eso no es social, eso es superficial. Es una excursión emocional. Y si encima se remata con la frase típica: «Es que son felices, se conforman con poco». Pues no. No se conforman con poco. Simplemente no conocen otra cosa. Como yo cuando descubrí el entrecot: no podía desearlo antes porque no sabía que existía.

Si creces en un entorno sin expectativas, sin estímulos y sin alternativas, te centras en sobrevivir el día a día. Esa famosa «felicidad del que no tiene nada» es muchas veces resignación interpretada desde nuestra comodidad. Y esa condescendencia paternalista, la de «pues si tan felices son, qué envidia», se desmonta con una frase sencilla: cámbiate tú por ellos si lo ves tan claro, cordero.

Tengo una anécdota; en realidad, tengo muchas, pero la mayoría las guardamos para nosotros, por respeto a quienes las protagonizan. Esta, sin embargo, explica con claridad lo que significa ayudar en contextos que no son los nuestros. Visitamos a una de las niñas más comprometidas con el colegio y con las actividades de Gate. Al principio no sabía apenas jugar al fútbol, pero tenía una actitud férrea: le ponía dos pares siempre, cada día. Con el tiempo mejoró tanto que terminó convirtiéndose en una defensa titánica. Solo con verla entendías que, si la vida no la desviaba, esa niña pelearía y se rebelaría contra cualquier situación que le tocara vivir.

Fuimos a ver a su padre. Su madre había abandonado el hogar, una situación, la de las familias desestructuradas, demasiado frecuente allí. Ella vivía con su hermano mayor, su primo y su padre, todos juntos en dos habitaciones, siendo ya una adolescente. Nos acompañaron Nacho, director de Gate España, y Elle, nuestra directora tailandesa. La familia vivía en una de esas chabolas habituales en Phuket, con condiciones higiénicas muy mejorables, como ocurre en tantos casos. Ella compartía habitación con su hermano.

Recuerdo la conversación con el padre. Fue corta, directa, traducida por Elle. Nos explicó que trabajaba como jornalero; algunos días lo contrataban y cobraba, otros días no lo llamaban y la familia tenía problemas para alimentarse ese día. Esa era la distancia entre la estabilidad y la nada: un día de trabajo o nada. La niña, a pesar del abandono de su madre, parecía mantener cierta estabilidad emocional. Tenía una estructura interna fuerte, aunque todavía frágil por la edad.

Acordamos reformar parte de la chabola para que pudiera tener una habitación propia, con techo firme y sin goteras cuando lloviera. Recuerdo perfectamente su cara cuando se lo dijimos. No era una sonrisa de euforia; era algo más profundo, mezcla de alivio, esperanza y una dignidad que asomaba por primera vez. Gracias a las aportaciones de los *gaters* pudimos hacerlo.

Pero lo que realmente me impactó vino después. Esa visita me recordó que es muy difícil ayudar en otros lugares si antes no dejamos fuera nuestros tabúes, nuestros prejuicios y nuestras expectativas. Si no tratamos a esas personas con amor real y con una compasión que entienda su contexto, incluso cuando tomen decisiones que desde fuera no comprendemos.

En un momento de la conversación le pregunté al padre cuál era su sueño para su hija, qué imaginaba para ella en el futuro. Él escuchó la pregunta, esperó la traducción y respondió con una serenidad sin ningún atisbo de ilusión: «Darle de comer mañana». Así, sin más. Ese era su sueño.

Esa era su realidad. Y no había rastro de dramatismo en su voz. Solo aceptación.

Nos preocupaba que, por necesidad, pudiera poner a su hija a trabajar para aportar económicamente a la familia y dejara el colegio y, por tanto, su posibilidad de mejorar el destino que tenía escrito. Llegamos entonces a un acuerdo. Ella era una excelente estudiante, disciplinada y brillante en Gate. Le pedimos que le dejara seguir estudiando y nos comprometimos a hacernos cargo de su manutención. Por suerte, meses después, el padre consiguió un trabajo más estable y fue él mismo quien nos dijo que ya no necesitaban la ayuda. La niña seguiría estudiando, y nosotros seguiríamos apoyándola, orientándola y acompañándola de cerca.

Sigue siendo una de las más comprometidas y además pertenece al programa de entrenadores de apoyo de los pequeños.

Es una historia sencilla pero clara. Una historia de impacto real, de presente mejorado y de futuro posible. Y si Gate solo hubiera servido para cambiar el destino de esta niña, para abrirle un camino que antes no existía, ya habría valido la pena crear Gate.

Socialmente, ¿dónde soy más eficaz y necesario?

Cuando hablamos de temas sociales, muchos reaccionamos igual y casi sin pensar: imaginamos que la forma auténtica de ayudar consiste en arremangarse, ponerse en primera línea y hacer lo que haga falta.

Esa imagen —la del gesto directo, físico, casi heroico— tiene algo profundamente humano. Nos conecta con la idea de compromiso inmediato, con la sensación de utilidad y con la necesidad de mirar de frente la realidad de quienes lo están pasando mal. Es noble, es honorable y, desde luego, mejor eso que quedarse en casa viendo series mientras el mundo arde.

Pero una cosa es lo noble y otra es lo eficaz. Y cuando entramos en el campo de la trascendencia social —es decir, actuar con sentido, con impacto real y con visión de largo plazo— conviene hacer una pausa y preguntarse: ¿lo que estoy haciendo es realmente lo que más ayuda? ¿Estoy siendo útil o estoy siendo emocionalmente reconfortado? Porque a veces ambas cosas coinciden… y a veces no.

Imaginemos un caso típico. Pongamos a un abogado de alto nivel, con un precio/hora considerable y con una semana repleta de trabajo exigente. Ese abogado decide dedicar los sábados a ayudar en un comedor social. Lo hace con buena fe, con empatía sincera y con ganas de aportar algo más que dinero. Y no hay duda de que es un gesto valioso. Pero si levantamos la mirada y analizamos la situación desde la perspectiva del impacto social real, quizá debamos plantearnos otra pregunta: ¿es esa la mejor forma de ayudar, teniendo en cuenta sus capacidades, sus recursos y su posición profesional?

Aquí entra una reflexión que a mí me ha costado años pulir y que siempre me aplico primero a mí mismo. Cuando vamos a repartir comida a un comedor social, debemos tener la sinceridad de reconocer que parte de la motivación nace de nosotros mismos. Nos alivia, nos da paz, nos da la sensación de estar equilibrando la balanza del mundo. Y eso no es malo; somos humanos. Pero si la pregunta es eficiencia, entonces conviene ver la foto completa.

Llevémoslo a un ejemplo simple. Comparar dos acciones:

- **Opción 1:** ese mismo abogado dedica cinco horas del sábado al comedor social. Sirve comidas, charla con la gente, siente que ha aportado algo real y vuelve a casa con la sensación de haber hecho lo correcto (yo).
- **Opción 2:** dedica esas cinco horas a trabajar en el despacho, genera mil euros más de facturación, y esa misma tarde dona esos mil euros al comedor social, siguiendo el destino de la donación, entendiendo cómo se utiliza y garantizando que se emplea con eficiencia y transparencia (nosotros).

La opción 1 da satisfacción inmediata y un chute de dopamina que no está mal. Desde luego es mejor que nada. La opción 2 genera un impacto económico y operativo que probablemente multiplica lo que el comedor puede hacer. Esa es la diferencia entre el impulso emocional y la intervención consciente.

Esto nos lleva, inevitablemente, al terreno del llamado altruismo efectivo, aunque no hace falta ponerse académicos. Se trata simplemente de aplicar sentido común y análisis al acto de ayudar. No es frialdad. No es falta de corazón. Es responsabilidad. Es entender que, si queremos mover la aguja, las decisiones deben ser conscientes, igual que lo hacemos en lo financiero, en lo profesional y en lo vital.

Aun así, quiero evitar malentendidos. El altruismo efectivo no puede convertirse en un dogma que deslegitime la ayuda presencial. No se trata de exigir que todos maximicen su impacto como si estuviéramos gestionando un fondo de inversión social o un Excel. Ayudar cara a cara importa. Tiene un valor humano que no se puede cuantificar en euros. Cambia al que ayuda y cambia al que recibe. Muchos de nosotros necesitamos ese tipo de contacto para mantener viva nuestra sensibilidad y recordar por qué hacemos las cosas.

La cuestión no es elegir entre ayudar con las manos o ayudar con el cerebro. La cuestión es evitar actuar por inercia y pensar, antes de elegir, qué acción concreta —con mis capacidades, mis recursos y mis circunstancias— genera mayor bien para quienes lo necesitan. Tiene un impacto mayor. A veces será el comedor social. A veces será la donación inteligente. A veces será una mezcla equilibrada de ambas. Y a veces será otra cosa completamente distinta que no habíamos considerado.

Porque la trascendencia social no es improvisación. No es intuición pura. No es solo emoción ni buena voluntad. Lo social, si de verdad queremos que funcione, necesita método, análisis, estrategia, seguimiento y la misma consciencia que aplicamos al Capital Trascendente. De hecho, es exactamente la misma disciplina: analizar, decidir, actuar y evaluar.

Igual que en el patrimonio. Igual que en la vida. Igual que en nuestra transformación personal.

Si lo pensamos bien, hay un puente muy claro entre la trascendencia personal, la trascendencia económica y la trascendencia social. Los tres mundos requieren la misma habilidad: **tomar decisiones con consciencia.** Elegir no lo que nos hace sentir mejor de inmediato, sino lo que de verdad mueve el mundo y nuestro mundo un milímetro en la dirección correcta.

Y eso —aunque no sea tan heroico como arremangarse— es lo que de verdad cambia las cosas.

Ayudar no es cuestión de impulso ni de postureo moral. Es una responsabilidad que exige crítica, análisis y consciencia. Si queremos que nuestra trascendencia social sea real y no simbólica, debemos preguntarnos siempre: ¿desde dónde aporto más?

¿Qué me gustaría que quedara impregnado después de estas páginas?

No se trata de tener más, sino de entender mejor. De comprender quién eres, qué quieres de verdad y qué huella deseas dejar. El capital, el éxito, las decisiones y el tiempo solo cobran sentido cuando están al servicio de una vida consciente, coherente y compartida. Ojalá este libro no te haya dado respuestas cerradas, sino mejores preguntas. Y ojalá, cuando mires atrás dentro de unos años, puedas decir que tu vida —tus decisiones, tu manera de estar y de contribuir— fue, también, tu mejor enseñanza.

Gracias por tu tiempo y atención.

Carta a l@s guerrer@s del alma

Trascender o morir.

Esa es la elección.

Todo lo demás son mentiras. Solo hay dos caminos y debes elegir uno.

No hay un camino intermedio. O se vive con sentido o se sobrevive en la inercia. Si has llegado hasta aquí, no es casualidad. Es porque dentro de ti hay una chispa encendida. Un fuego que no acepta la mentira disfrazada de comodidad. Estás aquí porque sientes que hay algo más, algo profundo que espera ser despertado. Esa es tu llamada.

Este es un mensaje para ti, que sabes que el éxito no puede medirse solo en números o hitos. Para ti, que has sentido que el ruido del mundo no logra apagar la voz de tu alma. Para ti, que no te conformas con sobrevivir: quieres vivir con significado y propósito. Que tu vida cuente.

Nos educaron para competir en su carrera del éxito, no para conectar con nosotros mismos o con otros seres. Nos enseñaron a obedecer el camino marcado, no a cuestionarlo. A acumular cosas, no a trascenderlas. Pero ha llegado el momento de mirar con valentía y decir: basta. Basta de repetir patrones vacíos. Basta de seguir un sistema que premia la apariencia y castiga la autenticidad.

Hoy quiero hablarte con cariño, pero también con verdad. Porque solo desde la verdad podemos construir algo nuevo. El mundo está roto. No por falta de recursos, sino por exceso de egoísmo. Pero también está lleno de semillas de esperanza. Y tú eres una de ellas.

Tienes un poder inmenso. El poder de elegir. De reprogramarte. De hackear el sistema desde dentro. De construir una nueva realidad, más humana, más justa, más despierta. Ese poder no está en tus redes, ni en tus títulos, ni en tu cuenta bancaria. Está en tu corazón. En tu conciencia. En tu capacidad de amar y de liderar con alma.

La trascendencia no es una idea bonita. Es una forma de estar en el mundo. Es transformar tu dolor en sabiduría, el miedo en acción, el capital en propósito. Porque sí, el capital también puede tener alma. Puede ser herramienta de libertad, de expresión, de justicia. Si lo usas con conciencia, se convierte en tu aliado. Si no, te encadena.

Ser un guerrero del alma es no rendirse ante la superficialidad. Es construir una vida coherente, desde adentro hacia afuera. Es rodearse de otros que también están despertando, para formar una nueva tribu, una nueva red, una nueva humanidad.

No se trata de cambiar el mundo solo. Se trata de cambiar tu mundo. Y, desde ahí, inspirar a otros. Porque cada acción cuenta. Cada gesto. Cada palabra. Cada inversión o decisión. Todo puede ser semilla de algo mayor.

Hay futuro. Hay esperanza. Y está en tus manos. En tu mente. En tu alma. No estás solo. Nunca lo estuviste. Somos muchos quienes estamos en este camino. Quienes creemos que se puede vivir con alma, prosperar con conciencia y dejar un legado que inspire.

Levántate. Mira de frente. Toma el timón de tu vida. Diseña tu plan. Usa tu voz. Expande tu luz. Sé un *hacker* del sistema. Sé un faro para otros. Sé un guerrero del alma.

Podemos. Debemos. Y lo haremos. Ahora. Juntos.

Con alma, con humildad y orgullo. Con fe en ti.

KEKO MARTÍNEZ
Guía de Tigres

Su opinión es importante.
En futuras ediciones estaremos encantados
de recoger sus comentarios sobre este libro.

Por favor, háganoslos llegar a través de nuestra web:

www.plataformaeditorial.com

Para adquirir nuestros títulos,
consulte con su librero habitual.

«*I cannot live without books*».
«No puedo vivir sin libros».
THOMAS JEFFERSON

Desde 2013, Plataforma Editorial planta un árbol
por cada título publicado.

IGNASI CASTELLS CUIXART

EN CLAVE DE
PERSONAS

Jefes más empáticos,
empresas más humanas

Plataforma
Editorial
Empresa

Cómo humanizar las empresas para liderar con empatía,
generar bienestar y alcanzar mejores resultados.

En un entorno empresarial cada vez más competitivo y
digitalizado, la empatía y las relaciones humanas se han
convertido en factores clave para el éxito. Esta es una guía
esencial para transformar el entorno laboral, mejorar las
relaciones interpersonales y fomentar un ambiente de trabajo
más saludable y productivo.

Los autores nos presentan un Renacimiento empresarial
capaz de crear valor corporativo y social, en el que la solidez
financiera da pie a la innovación y a la creatividad, sin
descuidar la esencia y el capital humano.